앞으로 10년
부富를
끌어당기는
100가지
블루오션

앞으로 10년
부富를
끌어당기는
100가지
블루오션

닛케이BP종합연구소 지음 | **이주희** 옮김

동양북스

이노베이션은 시장,
즉 고객에게 주목하지 않으면 만들어낼 수가 없다.
_ 피터 드러커

차례

3장 AI가 지배하는 세상; 개인 정보야말로 자산

4장 일하는 방식을 바꾸는 기술; 무형 자산에 투자하다

5장 공유 서비스; 오픈 시대의 도래

6장 지속 가능한 사회를 위한 서비스;
사회문제, SDGs, ESG

7장 **과학의 발전이 가져다줄 상품;**
테크놀로지, IT 기술이 선사하는 미래 세계

8장 **블루오션을 발견하는 방법** ··············

경쟁 없는 시장에서
새로운 부를 끌어당겨라

닛케이BP종합연구소는 2019년 1월부터 '블루오션 100'이라는 조사를 진행했고, 그 결과가 이 책입니다. 각 분야의 전문 연구원과 컨설턴트 80명이 앞으로 10년 후 2030년에 더 크게 성장할 100대 시장을 선정했습니다.

선정된 100대 시장을 잘 살펴보면 산업과 기업을 둘러싼 환경이 크게 변화하고 있다는 사실을 알 수 있습니다. 자동차와 교통은 모빌리티 서비스로, 의약과 간병은 둘을 융합한 초超헬스케어라는 새로운 영역으로 변화하고 있습니다. 산업이 새롭게 정의되고 새로운 시장이 만들어지고 있습니다. 주주나 소비자가 기업을 평가하는 기준도 바뀌어서 눈앞의 이익보다 사업을 통해 사회 과제를 해결할 수 있는지를 우선순위로 두는 움직임도 일어나고 있습니다.

선정된 100대 시장은 내용이 다양하지만, 구조 변화의 흐름에서 크게 다섯 가지로 구분할 수 있습니다. 1장 '이노베이션을 만들어내는 다섯 가지 구조 변화'에 그 다섯 가지가 무엇인지 담았습니다. 블루오션을 발견하고 그쪽으로 가려면 이 다섯 가지 구조 변화 위에 새로운 무언가를 구축해가야 합니다. 2장에서는 '인간의 행복을 추구하는 상품'이라는 영역을 다루었고, 3장에서는 'AI가 지배하는 세상'을 담았습니다. 그리고 4장에서는 '일하는 방식을 바꾸는 기술', 5장은 '공유 서비스', 6장은 '지속 가능한 사회를 위한 서비스', 7장은 '과학의 발전이 가져다줄 상품'에 대해 다루었습니다. 각 영역에서 새롭게 꽃피울 새로운 시장의 규모를 추정하고 공략 포인트를 정리했습니다. 마지막 8장에서는 '블루오션을 발견하기 위해'라는 제목으로 잠재 시장을 개척할 힌트를 담아봤습니다. 블루오션으로 배를 저어가려면 변화를 확실하게 꿰뚫어보고 사회와 공유하는 '미래 예측', 커다란 깃발을 내걸고 주변을 끌어들이는 '문샷moonshot'의 발상, 주저 없이 다른 분야의 인재와 테크놀로지를 도입하는 '신결합', 이 세 가지일 것입니다.

100대 블루오션을 철저히 조사하고 선정한 80명은 대부분 닛케이BP의 전문지에서 기자나 주간, 편집장으로 일하며 비즈니스와 테크놀로지가 융합하는 모습을 관찰하고 평가해온 사람들입니다. 지금은 그 경험을 살려 기업과 사회의 과제 해결, 산업 진흥을 지원하는 연구 또는 컨설팅 집단에서 활동하고 있습니다. 이 책은 80명의 머릿속에 있는 지식과 예측을 모은 것으로, 2030년에 떠오를 다양한 블루오션을 보여줄 거라고 자부합니다.

이미 다양한 분야에서 기존 산업의 '정중앙'이 아닌 다른 위치에서 새로운 시장을 개척하는 움직임이 일어나고 있습니다. 지금이야말로 상상력을 총동원하고 기존 사고의 틀을 뛰어넘어 새로운 시장, 새로운 사업 창조로 눈을 돌려야 할 때입니다.

부디 여러분 자신과 여러분의 회사가 바라보는 푸른 바다에서 새로운 성장을 향해 나아갈 지도를 그려보십시오. 이 책이 기존과는 다른 시장, 아직 경쟁이 없는 새로운 시장에서 새로운 부를 끌어당기는 데 도움이 되기를 바랍니다.

닛케이BP종합연구소 집행위원
아다치 이사오

1장

이노베이션을 만들어내는
5가지 구조 변화

닛케이BP종합연구소는 2019년 1월부터 '블루오션 100'이라는 연구 조사를 진행해왔다. 80명의 연구원이 앞으로 새롭게 태어날 시장과 성장 분야를 찾아 2030년의 시장 규모를 추정하고 공략 포인트를 정리했다. 이노베이션은 다섯 가지 구조 변화로 만들어진다. 1장에서는 비즈니스 리더(B)와 테크놀로지 리더(T)의 대화 형식을 통해 그 구조 변화를 설명해보겠다.

B 기업에 닥친 가장 긴급한 과제를 하나 고른다면 뭘까?

T 역시 이노베이션이겠죠. 테크로놀로지가 몰라보게 발달하고 있으니, 이것을 이용해서 어떻게 새로운 것을 만들

어낼 것인가에 많은 기업이 주력하고 있습니다.

B 이노베이션은 시장 안에 있으니, 시장에 집중하고 시장을 진원지로 삼아야겠지.

T 그런 명언이라도 있는 건가요?

B 사회생태학자이기도 한 피터 드러커의 말이야. 이노베이션은 시장, 즉 고객에게 주목하지 않으면 만들어낼 수가 없어. 고객이 새로운 경험을 하는 것, 그것이야말로 이노베이션이지. '기술 혁신'이라고 번역한 게 애초에 잘못이야.

T 하긴 테크놀로지가 빠진 이노베이션도 있을 테니까요.

B 테크놀로지를 경시하는 건 아니지만, 고객과 시장의 기대나 과제에 어떻게 대응할 것인가. 이것을 생각하는 게 먼저지. 드러커는 『미래 사회를 이끌어가는 기업가 정신』^{한국경제신문, 2004}에서 이노베이션을 위한 일곱 가지 기회를 소개했어. 그런데 새로운 테크놀로지의 이용은 '새로운 지식 활용하기'이긴 하지만, 마지막 일곱 번째 기회라는 거야. 그리고 그 기회조차 사용하기 어렵다고 했지.

T 연구 개발을 통해 새로운 테크놀로지를 만들어내고, 그것을 사용해서 제품이나 서비스를 준비하고 시장에 내보이기까지 상당한 시간이 걸리는 건 사실이죠. 거기다 시장에 내놨다고 해서 꼭 반응이 좋다는 보장도 없고요. 그렇다면 이노베이션의 진원지는 어떻게 발견해야 할까요?

앞으로 10년 부(富)를 끌어당기는 100가지 블루오션

B 드러커는 일곱 가지 기회 안에서 변화를 깨닫는 게 중요하다고 강조했어. '산업 구조의 변화 알기' '인구 구조의 변화에 착안하기' '인식의 변화 파악하기' 같은 것 말이야. 큰 변화가 생기면 이노베이션이 일어나게 되고, 새로운 시장이 태어날 가능성도 커진다는 거지.

T 일본의 상황을 예로 들면, 저출산 고령화 사회가 되면서 다양한 과제가 던져졌는데요. 시각을 바꾸면 기회가 될 수도 있겠네요.

B 주목해야 할 구조 변화 중에 '유형 자산에서 무형 자산으로'라는 것이 있어. 2017년 10월에 나온 「이토 리포트 2.0」에서 지적한 건데, 경제산업성이 인터넷에 공개해놨어.

T 검색하니 바로 나오네요. 정식 명칭은 '지속적 성장을 향한 장기투자^{ESG · 무형자산투자} 연구회 보고서'라고 하네요.

B 연구회 대표를 히토쓰바시대학대학원 상학연구과 교수 등을 지낸 이토 구니오 씨가 맡아서 간단하게 '이토 리포트'라고 부르는 거야. 그 보고서에 '유형 자산에서 무형 자산'으로 변화하는 모습을 보여주는 깜짝 놀랄 데이터가 실려 있지.

T 이거네요. 미국 S&P500^{미국의 주요 500개 종목의 주가 지수}에 들어 있는 기업의 시장 가치를 봤더니 무형 자산의 비율이 매년 높아지고 있어요.

B 2015년에 87%가 무형 자산이었으니까, 지금은 90%에 가까워지지 않았을까? 정말 놀라운 일이지.

T 이 보고서에서는 '기업이 이노베이션을 만들어내고 기업 가치를 높이려면 시설이나 설비 같은 유형 자산의 양을 늘리기보다 경영 인재를 포함한 인적 자본이나 기술, 지적 재산 등의 지적 자본, 브랜드 같은 무형 자산을 확보하고 그것에 투자하는 것이 더 중요하다'라고 결론을 내고 있어요.

B 일본의 무형 자산 투자 비율은 서양보다 낮은 편이야. 이 말은 사람, 지적 재산, 브랜드에 투자하는 게 앞으로 더 늘어날 거라는 말이기도 하지. 그리고 바로 거기에 이노베이션의 기회가 있다고 할 수 있지. 새로운 시장을 생각해 낼 열쇠는 인간에 투자하는 거야.

T 조금만 생각해봐도 그렇기는 해요. 탄생에서 건강 유지, 의료, 예방, 교육, 생활, 간병, 웰다잉에 이르기까지 다양한 과제와 요구 사항이 존재하죠. 재생 의료, 안티에이징, 수면 질 향상, 건강 보조제, 네트워크를 이용한 건강 관리, 설비와 장소 등 유형 자산에 대한 투자가 상당히 필요하겠네요.

B 앞으로 건강 관리와 관련 산업에서 블루오션이 많을 거야.

T 원래 있던 기업에다가 신규 기업이 계속해서 등장하고 있

으니, 레드오션 아닌가요?

B 『블루오션 전략』김위찬/르네 마보안, 교보문고, 2015에 따르면 그런 것도 블루오션이야. 고객이 원하고 있는데 아직 제공되지 않는 것의 가치를 깨닫고 그것을 제공해준다면, 그것도 블루오션을 개척한 거라는 거지. 『블루오션 전략』의 저자는 대부분의 블루오션이 레드오션의 연장으로 기존 산업을 확장하면서 태어난다고 했어.

T 기존 제품이 제공하지 못한 새로운 가치를 발견하려면, 지금까지 놓치고 있던 무형 자산을 찾아보는 게 좋겠네요? 지금까지 그냥 지나쳐버렸던 것들?

B 사람의 데이터, 소위 말하는 개인 정보도 무형 자산이지.

T 한 사람의 일생 데이터 전체를 확보하는 '라이프로그'라는 개념이 있어요. 개인 정보 활용은 IT에서 가장 기대하고 있는 응용 분야 중 하나인데, 다만 세심한 주의가 필요하죠. 개인 정보의 이용과 보안, 양쪽 모두 시장이 넓어질 거예요.

B 태어나서 죽을 때까지의 활동 중에 '일'이 빠져 있었네. 일하는 방식을 바꾸고, 어떻게 시간을 단축할 것인가. 사무실과 같은 유형 자산도 있지만, 업무 방식 개혁을 지원하는 서비스 등 무형 자산 투자 쪽이 훨씬 커질 거야.

T 채용과 인력 배치, 평가 등을 지원하는 HR 테크테크놀로지를 활

가 기대되는 분야이기는 하죠.

B 재택근무, 아니 텔레워크^{telework}라고 해야 되나? 그건 앞으로 어떻게 될까?

T 10년 정도 지나면 텔레워크라는 말도 사라지지 않을까요? 어디서 일하는지는 더 문제가 안 되겠죠. 출퇴근도 상당히 줄어들 거예요. 집이나 지방에서 일하는 사람이 늘어나서, 지역 커뮤니티가 부활하고 남성의 가사와 육아 참여도 늘어날걸요. 그 속에서 '일을 어떻게 해야 할까'라는 생각이 들 테고, 분명히 셀프 매니지먼트가 새롭게 떠오를 거예요. 이런 것도 구조의 변화겠죠.

B 지방에 살아도 대도시나 해외의 일을 할 수 있는 거지. 그러려면 언제 어디서나 함께 일할 수 있는 구조가 만들어져야 해. 커뮤니케이션 관련 서비스가 더 다양하게 나오겠지.

T 또한 '제조업의 서비스화' '물건 만들기에서 일 만들기로'와 같은 움직임도 있어요. 유형 자산에 투자해온 제조업이 무형 자산으로 투자를 옮기는 현상이죠. 도요타 자동차가 월정액제로 '차종 무제한 교체' 서비스를 시작했고, 건설장비업체 고마쓰는 건설 기계 가동 정보를 집계 분석하여 고객에게 효율적인 기계 사용법을 알려줘서 사람들의 관심을 아주 많이 받았어요. 그 밖에도 많은 제조업이

무형 자산에 대한 투자에 힘을 쏟고 있죠.

B 자동차를 소유하지 않고 누군가와 공유하는 것. 이른바 차량 공유, '소유에서 공유로'라는 움직임도 또 하나의 구조 변화겠지. 뉴스를 보고 있으면, 유명한 미국의 배차 서비스와 민박 서비스 회사, 그 두 회사 이름이 마치 주문처럼 무한 반복되더라고. 또 '요즘에는 이런 것도 있구나' 싶은 게 있어.

T 예를 들면요?

B 'Clear'라고 손으로 쓴 노트를 공유하는 앱이 있어. 대학생, 고등학생, 중학생, 거의 모든 과목의 노트가 30만 권가량 공개되어 있고, Q&A도 가능해. 가사 공유나 업무 공유 등 '공유' 서비스는 이제 광범위하게 이루어지고 있지.

T 수익화는 가능할까요?

B 유상으로 공유 서비스를 제공하거나 모은 데이터를 분석해서 그 안에서 가치를 찾아내는 방법이 있겠지. 스타트업에 국한되는 것은 아니고, 대기업도 그 속에서 공유 가능한 것이 있는지를 생각해보면 뭔가가 나오지 않을까.

T '소유에서 공유로'를 바꿔 말하면 '클로즈에서 오픈으로'가 되지 않을까요. IT 분야에서는 전 세계의 엔지니어가 자신이 개발한 소프트웨어를 공개하고, 공개된 소프트웨어에 관심이 있는 사람이라면 누구든지 소프트웨어의 기

사회

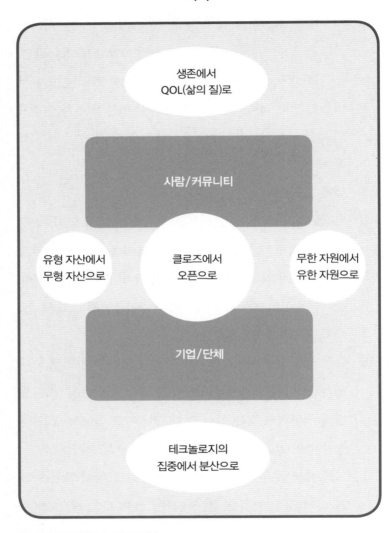

이노베이션과 관련된 다섯 가지 구조 변화

앞으로 10년 부(富)를 끌어당기는 100가지 블루오션

능 강화와 품질 개선에 참여할 수 있어요. 이것을 오픈소스 소프트웨어라고 부르는데, 최근에는 그 움직임이 하드웨어로도 퍼지고 있죠. 지적 재산을 숨기지 않고 공개하여 이노베이션을 일으키려는 움직임이죠.

B '한 방향에서 쌍방향으로'라고 표현할 수 있지. 15초 정도의 간단한 동영상을 공유하는 틱톡은 이용자가 5억 명을 넘었다고 하더군. 기업 가치가 대략 700억 달러 이상이라는데, 일본 돈으로 환산하면 약 8조 엔 정도야. 일본의 거대 은행보다도 더 큰 거지. 무엇을 틱톡의 가치로 평가했느냐 하면, 5억 명이 영상을 올리고 시청할 수 있는 쌍방향의 구조를 만들었다는 거야. 그리고 동영상을 공개하는 거니까, 이것도 오픈이라고 말할 수 있겠지.

T 사전에서 '시장'의 뜻을 찾아봤더니, '일정한 장소나 시간과 관계없이 서로 경쟁하는 수많은 수요와 공급의 교환 관계'라고 나와 있더라고요. 한마디로 교환 관계, 연결 방식을 재정비한다면 이노베이션을 일으키고, 새로운 시장을 개척할 수 있다는 거죠.

B 앞서 이야기한 「이토 리포트 2.0」을 정리한 연구회 이름이 '지속적 성장을 향한 장기투자[ESG · 무형자산투자]연구회'야. 그런데 여기에서 ESG, 즉 환경[Environment], 사회[Social], 지배구조[Governance]도 중요한 키워드야.

T 사람의 능력이나 정보, 데이터와 같은 무형 자산은 어떻게 보면 무수히 많다고 할 수 있죠. 컴퓨터 소프트웨어는 잘만 만들어두면 얼마든지 복사해서 제공할 수 있고, 성능이 나빠지는 것도 아니니까요. 따라서 엄청난 부가 가치를 낳을 가능성이 있습니다. 한편, 지구의 자연이나 에너지 자원은 유한해서 세계 각국이 어떤 약속을 통해 이용을 제한해야 하죠. 노벨화학상을 수상한 후쿠이 겐이치는 '21세기는 지구 수복의 시대'라는 말을 했다고 하더군요.

B 명언이지. 세키스이 화학공업은 미국 회사와 함께 쓰레기를 통째로 에탄올로 변환하는 테크놀로지를 개발했어. 쓰레기 처리장을 '도시 유전'으로 바꿀 가능성을 보여준 거지. 2018년에 닛케이BP종합연구소는 『기업을 위협하는 리스크 100』이라는 제목으로 비즈니스 분야의 불확실성을 정리한 책을 냈어. 그때 'ESG 리스크'라는 항목에서 '인증 제품 쟁탈' '물 부족과 물 재해' '해양 오염 방지를 위한 플라스틱 금지' 등을 소개했지. 그런데 이런 문제의 해결책을 마련할 수만 있다면 그 자체만으로도 새로운 시장이 되는 거지.

T 유한 자원의 효율적 이용이라는 면에서 테크놀로지는 아직도 할 일이 많은 거 같아요. 앞에서 시간이 걸릴 것이라는 말을 했는데 증기 기관, 철도가 생기고 사회가 변할 때

까지 분명히 긴 시간이 걸리기는 했죠. 하지만 테크놀로지가 사람들에게 퍼져나가는 시간이 점점 더 짧아지고 있어요. 대략 말하면 텔레비전은 30년, 인터넷은 20년, 스마트폰은 10년, 캐시리스cashless 결제는 5년 만에 세상을 바꿨다고 말할 수 있겠죠.

B 옛날이었다면 생각지도 못한 고성능의 테크놀로지를 개인의 선택으로 사서 이용할 수가 있으니까, 그만큼 보급도 빨라진 거지.

T 거기다 지금의 테크놀로지를 옛날 사람들이 본다면 거의 마법 같을 거예요. 수십 년 전에 SF에서 묘사한 텔레파시나 염력, 텔레포테이션염력으로 물체 등을 이동시키는 것, 예지, 이런 것들을 실현하게 되었으니까요.

B 순식간에 이동하는 것은 아직 무리겠지만 말이야.

T 텔레이그지스턴스teleexistence라는 게 있어요. 지구 반대편에 있는 로봇을 통해 자신이 하고 싶은 일을 하거나, 다른 자동차나 기기도 조종할 수가 있어요. 물론 인간이 직접 지구 반대편으로 순식간에 날아갈 수는 없지만 마치 그곳에 있는 것처럼 행동할 수 있는 거죠.

B 나도 분신 로봇인 오리히메OriHime: '직녀'라는 뜻와 대화해본 적이 있어. 몸이 불편한 사람이 로봇과 떨어진 곳에서도 조종할 수 있어서 로봇을 통해 자신의 의견을 전달할 수가

있는 거야. 개발자는 더 많은 사람이 사회에 참여할 수 있도록 돕고 싶다고 하더군.

T 테크놀로지를 사용하기 쉬워졌다는 것도 시장을 만들어내는 구조 변화의 하나가 아닐까요? 앞으로는 네트워크가 더 빨라지는 5G 시대가 되니까요. 물론 고객과 사회의 요구를 제대로 파악하지 않으면 안 되겠죠.

B 무형 자산, 오픈, 유한 자원이라고 했을 때, 테크놀로지는 '무엇에서 무엇으로'라고 말할 수 있을까?

T '오픈으로' 가는 것은 테크놀로지도 마찬가지죠. '집중에서 분산으로'라는 말도 많이 듣긴 했어요. 유비쿼터스나 소비화consumerization라는 말도 썼었죠. 또는 '무거움에서 가벼움으로' '둔감에서 민감으로' 등도 있었고요. 이제 철도는 역에 가기만 하면 이용할 수 있잖아요. 현재의 테크놀로지는 어디서나 금방 사용할 수 있어요. 언제 어디서나. 이 캐치프레이즈도 자주 쓰는 말이죠.

B 무슨 말인지 잘 알겠어. 하나의 구조 변화만으로 시장이 만들어지는 것은 아닐 테고, 여러 가지 변화가 겹쳐야 더 큰 변화가 일어나고 블루오션이 생기겠지. 지금까지 나온 이야기를 돌아보면, 드러커가 지적한 '의식의 변화'가 역시 큰 거 같군. SDGs지속 가능한 발전 목표로 정리된 열일곱 가지 목표를 보면, 이 세상과 사람들을 위한 행복과 안전에 소

2장 | 인간의 행복을 추구하는 상품

- 행복 매니지먼트
- '미병' 대책
- 밤의 수면 관리
- 낮의 수면 관리
- 오피스 헬스 센싱
- 여성 헬스 센싱
- 통증 없는 신속 진단
- 의료 적정화 컨시어지
- 수명 예측
- 푸드테크
- 유기농 상품
- 완전식품 수출
- 푸드 투어리즘
- 제한식 식재료
- 게놈 편집 기술 응용 식품
- CBD
- 반려동물 친화형 스마트 시티
- 라이브 엔터테인먼트
- 스포츠 네트워크
- 장비의 늪
- 의식이 높은 계열의 상품
- 애그리투어리즘
- 테크아트 수출
- 고유의 정신세계와 삶의 방식 수출
- Z세대 소비
- DtoC
- 완전 간병 로봇
- 테크놀로지 간병
- 웰다잉 종합 서비스(장례, 묘)
- 웰다잉 종합 서비스(자산, 자금)

3장 | AI가 지배하는 세상

- 인간의 고도화
- 클론 AI
- 실시간 매칭
- 개인 신용 평가
- 정보은행
- 노동자의 시장 가치 산출
- 블록체인 유언 신탁
- 뇌 피트니스
- 햅틱스
- 어시스트 스포츠
- 텔레이그지스턴스

4장 | 일하는 방식을 바꾸는 기술

- 일하는 사람, 장소, 방식의 개혁
- 정보 컨시어지
- AI 어시스턴트
- 자동 통역 기능이 탑재된 고화질 화상 회의
- 협동 로봇
- 커리어 지원 에이전트
- 프리랜서 서포트
- LGBT 채용 지원
- 시니어 인력 아카데미
- 에듀테크
- 순환 교육
- 유연 근무
- 언택트 시대의 주택
- 기념사업 컨시어지

5장 | 공유 서비스

- 구독
- MaaS 서비스
- 자율 주행 모빌리티 보험
- 애그테크
- 보디 셰어 서비스
- 지역 정보 매니지먼트
- 서플라이 체인 매니지먼트 서비스
- 서비스도 하나의 회사
- 스킬 숍(skill shop) 서비스
- 의사 결정 지원 서비스
- 국제 법무 서비스

7장 | 과학의 발전이 가져다줄 상품

- 테크놀로지 확산
- 바닷속
- 우주 이주 · 정착
- 하늘을 나는 자동차
- 양자 컴퓨팅
- 에지 컴퓨팅
- IT/OT 인력 육성
- 토큰 이코노미
- AI 학습용 데이터 정리

6장 | 지속 가능한 사회를 위한 서비스

- 회사 밖 커뮤니티 활동
- 천재지변 예보
- 무인 종합 시스템
- SDGs와 지방 활성화
- SDGs에 지역 포인트 활용
- 폐업 도우미
- 마을 정리 컨설팅
- 소규모 영업장
- 친환경 목조 건축
- 노후 주택 리모델링
- 순환 경제
- 집 안 가재도구의 IoT
- 플라스틱 해양 오염 대책
- 카본 재활용
- 식품 폐기 삭감
- 에너지 집적화
- 종합 에너지 시장
- 재생 가능 에너지
- 직류 테크놀로지
- VPP
- 마이크로그리드
- 차세대 태양광 패널
- 건물 일체형 태양광 패널
- 신수소 에너지
- 석탄 화력 · 철강 대상의 CCS 플랜트

앞으로 10년 부를 끌어당기는 100가지 블루오션(닛케이BP종합연구소 조사)

홀하면 아무리 경제 성장을 이뤄도 의미가 없다는 반성이
담겨 있어.

T 테크놀로지 쪽의 반성이기도 하죠. 편리해졌지만 여러 부
작용이 있는 것도 사실이니까요.

B 개인을 뛰어넘어 뭔가에 공헌하고 싶다는 생각도 강해
졌지. SDGs라든지 사회기업가라든지, 앞에서 말한 분신
로봇이라든지, 그야말로 자기 초월을 향한 대응 방식 아
닐까.

T 자기 초월이라는 말이 있나요?

B 미국의 심리학자 에이브러햄 매슬로는 인간의 욕구를 다
섯 단계로 나누었어. 먹는 것, 자는 것 등에서 시작하여 안
전에 대한 욕구, 사회적 욕구, 자존감에 대한 욕구, 자기실
현에 대한 욕구로 점점 더 높은 단계를 추구해간다는 거
지. 매슬로는 자기실현의 다음 단계로 자기 초월이 있다
는 말을 남기고 죽었지.

T 그렇군요. 그런데 행복의 경우에는 더 다양할 거 같아요.
건강한 것은 행복한 일이지만 현대인은 건강에 너무 신경
을 쓰고 있잖아요. 고혈압약 시장이 짧은 시간 안에 빠르
게 커졌다고 하더라고요. 그리고 저당 밥솥 뭐 이런 비슷
한 제품도 꽤 많이 나와 있고요.

B '건강, 미용, 향' 이런 것에 대한 고집은 그야말로 인식의

변화지. 그중에는 오히려 더 큰 비용을 내게 되거나 사회적 부담이 되는 경우도 있지만, 확실히 시장은 시장이야. 그저 하루하루를 살아가는 게 아니라 QOL을 추구한다는 거지.

T 다섯 가지 구조 변화에 이유가 있을까요?

B 그거야 있지. 앞에서 말한 것처럼 이 다섯 가지는 모두 얽혀 있어. 물건이 넘치고 생활에 여유가 생긴 나라에서는 시야를 넓히려고 하지. 눈에 들어오기 시작한 환경 보호나 음식 재료의 낭비를 줄이기 위해 전 세계가 할 수 있는 일을 생각하게 되는 거야.

T 물건 사는 것에는 흥미를 잃고 공유로 끝내버리면서도, QOL을 높이기 위해 취미 활동에는 큰돈을 아끼지 않죠. 물건으로 차별화하는 건 어려워진 것 같아요. 그래서 기업도 이제 서비스나 서비스를 담당하는 인재의 질로 승부를 보려고 무형 자산에 투자를 늘리겠죠.

B 블루오션으로 가려면 다섯 가지 구조 변화 위에 새로운 무언가를 구축해가야 해. 이노베이션 프로젝트든 일상 업무에서든 이 다섯 가지가 어떻게 움직이고 있는지를 생각해보면 분명히 여러 가지가 보일 거야.

앞으로 10년 부(富)를 끌어당기는 100가지 블루오션

1장 저자

아다치 이사오
사카이 고이치타로
모치즈키 요스케
야지마 노부유키

2장

인간의 행복을 추구하는 상품 ;
건강, 음식, 삶의 질(QOL)

행복 매니지먼트

행복에 대한 재고(再考)가 만들어낼 거대 시장

'해피' 또는 '해피니스'라는 말을 갑자기 들으면 당황스러울지도 모르겠다. 하지만 이제 개인은 물론 기업이나 단체, 정부까지도 '행복이란 무엇인가?' '인간이란 무엇인가?'를 물으며 행복의 정의를 다시 생각하고 추구하는 시대에 들어섰다.

바꿔 말하면 QOL의 추구이다. QOL는 좁은 의미로는 의료계에서 사용하는데, 질병 치료에만 주력하는 것이 아니라 환자의 삶의 질, 즉 행복도 포함한 것을 가리킨다. 하지만 넓은 의미로

시장 개요	• 행복에 대해 다시 생각하는 사람들 • 행복＝QOL • 개인 활동, 조직 운영, 정책에도 영향

는 일이나 주거 환경, 취미 등 행복과 관련된 모든 것에 얼마나 만족하는지를 가리킨다.

실제로 해피 경영, 행복 경영, 해피 포인트, 행복도^{度}, 행복 매니지먼트라는 말이나 사고방식을 보고 들을 기회가 늘어났다. 기업은 사람들에게 행복을 전하겠다는 목표를 내세우고, 이를 실현하기 위한 사업을 중요하게 여기고 있다. 사내에서도 경영자가 직원의 행복 지수를 파악하려고 애쓰기 시작했다. '건강과 행복 경영자' '건강과 행복 리더'를 두거나 앞으로 추진하려는 움직임도 있다. 행복 담당 장관을 둔 국가도 생겨났다.

그 배경에는 우선 자본주의와 자유주의를 내걸어온 선진국의 성숙과 의료 및 뇌 과학, IT의 진보가 있다. 이전에 비하면 경제 발전으로 물건이 넘치고 사람들은 부유해졌으며, 평균 수명도 늘어났다. 하지만 그 결과 지금 사람들은 진정으로 행복해졌을까? 높아진 효율성으로 시간 여유가 생기면서 그 남는 시간 동안 인간은 무엇을 해야 하는지에 대해 고민하고 있다.

로봇이나 AI와 함께 일하거나 화상 인식 등 일부 영역에서 로봇이나 AI가 인간을 뛰어넘게 되었을 때, 사람의 역할은 무엇인지 재검토할 필요가 생긴 것이다. 100세까지 살게 되었을 때, 사람은 무엇을 해야 행복할까? 철학과 종교, 예술 영역에서도 여기에 대한 논의가 진행될 것이다.

행복에 대한 새로운 접근과 생각은 기업의 전략, 비즈니스 모델, 제품이나 서비스 개발, 직원 육성, 또한 SDGs나 ESG에도 영향을 미칠 것이다. 나아가 정부나 지자체의 공공 정책 설계 및 실시에도 영향을 줄 것이다. 한편, 자신을 성찰하는 개인이 늘어나면서 인간의 영혼을 뒤흔드는 예술과 철학의 고전이 리바이벌 될 것이다. 행복과 관련한 상품이나 서비스도 인기를 끌 것이다.

'미병'대책

병원 밖에서 시작하는 파괴적 창조

'미병未病'이란 아직 병이라고는 할 수 없지만, 병이 되어가는 상태를 말한다. 아직 자각은 없지만 검사 결과에서 그다지 좋지 않은 수치가 나온 상태, 또는 자각은 있지만 검사로 이상이 발견되지 않은 상태를 모두 포함한다.

　일본에서는 메타볼릭 신드롬^{대사증후군}, 후레이루^{フレイル: 노쇠, 허약} ^{을 뜻하는 영어 단어 frailty에서 유래} 등의 유행어를 포함하여, '미병 신드롬'이라 불릴 만한 상황이 펼쳐지고 있다. 사람들은 이제 자신의 몸

> **시장 개요**
> ● '미병'이란 점점 병이 되어가는 상태
> ● 의료비를 줄이기 위해서도 미병 대책이 필수
> ● 생활이나 일과 관련된 모든 산업에 영향

☐ 미병의 표준 지표 확립
☐ 신흥 기업을 포함한 모든 플레이어와 협업
☐ 최신 테크놀로지로 상식을 바꾸기

상태와 정신 상태를 예전보다 더 세심하게 신경 쓰면서 살고 있
다. 또 테크놀로지의 진화 덕분에 지금까지보다 훨씬 더 상세하
게, 또 실시간으로 몸 상태를 보여주는 데이터를 얻을 수 있게
되었다.

미병의 비율을 표현하는 지표로는 자율 신경 상태나 체내 산
화가 주목받고 있다. 이를 이용해서 미병을 측정하는 방법을 만
들고, 그 측정 결과를 정리해서 미병 수준을 나타내는 표준 지표
도 만들 수 있을 것이다.

이를 계기로 이미 시작된 건강, 의료 업계의 강렬한 파괴적 창
조disruptive innovation가 가속화될 것이다. 극히 작은 예로, 모빌리티
서비스와 건강, 치료의 결합을 들 수 있다. 또는 걷기나 금연 등
의 행동 변화를 촉진하는 앱을 사용할 수도 있으며, 생체 데이터
를 계속 모니터하여 조언해주는 서비스가 등장할 수도 있다.

미병 대책의 주요 무대는 병원이 아닌 곳, 즉 일상적인 세계여
야 한다. 병에 걸려 병원에 가기 전에 미리 손을 써야 하기 때문

이다. 따라서 병원 중심의 기존 의료 관련 산업은 물론이고, 생활과 일에 관련된 모든 산업이 의료나 건강 관리의 이노베이션에 참여하게 될 것이다. 그리고 지금까지는 생각지도 못했던 서비스와 상품이 다양한 형태로 생겨날 것이다.

미병 개선은 긴급한 과제이다. 그 배경의 하나는 QOL이며, 더 말할 것도 없이 팽창하는 의료비도 이유 중 하나이다. 2025년에는 단카이 세대^{1947~1949년 출생}가 후기 고령자^{75세 이상}가 되어 일본인 4명 중 1명이 75세 이상이 되는 초고령화 사회가 된다. 이때가 되면 의료비는 58조 엔이 될 것으로 예측하고 있다^{2017년 건강보험조합연합회 조사}. 역대 최고라던 2018년의 세수입이 60조 엔이던 것을 생각하면, 의료비가 세수입과 거의 비슷해지는 것이다. 이러한 상황이 정상적인 것은 아니며, 따라서 정부는 의료비 억제를 위해 예방 의료 쪽으로 방향을 돌리고 있다.

앞으로 10년 부(富)를 끌어당기는 100가지 블루오션

시장 규모

경제 손실

16.9 조 엔

(GDP 3.3%)

출처: 랜드유럽

시장 개요

- 주목받는 업무 방식 개혁
- 밤 수면의 개선으로 효율 상승
- 렘수면으로 정서적 안정

공략 포인트

☐ 수면 모니터링(신체 동작, 체온, 호흡, 뇌파)
☐ 질 좋은 수면을 위한 앱, 영양제, 조명

수면 관리는 일본에서 성장할 가능성이 가장 많은 시장이다. 수면 관리란 질 좋은 수면을 위한 모든 노력을 가리키며, 수면 모니터링이나 개선 방안을 마련하는 데 도구를 사용하기 때문에 수면 테크놀로지라고도 한다.

수면 관리가 성장할 수밖에 없는 이유는 일본이 엄청난 수면 부족 국가이기 때문이다. 2019년 OECD에 가입한 33개국을 대상으로 생활 시간을 조사해보니 일본의 수면 시간이 가장 짧은 것으로 나타났다. 33개국의 평균보다 1시간이나 적었다.

수면의 질은 경제에 큰 영향을 미친다. 비영리 연구 단체인 랜드유럽이 일본의 수면 시간을 바탕으로 경제 손실을 계산했더니, 2030년에 16.9조 엔으로 GDP의 3.3%나 된다고 한다. 이 계산은 수면이 부족하여 일을 쉬게 될 경우의 손실^{Absenteeism: 상습적인 결근이나 무단결근}, 출근하더라도 업무 효율이 낮아서 생기는 손실 ^{Presenteeism: 몸 상태가 좋지 않아도 참고 출근하는 것}, 수면 시간이 짧은 사람의 높은 사망률 등을 바탕으로 하였다. 이러한 결과는 각종 연구가 명백히 보여주고 있다.

또한 닛케이BP종합연구소가 일하는 여성을 대상으로 실시한 건강 조사에서도 '잠을 못 잔다'는 고민이 이직 사유 중 큰 부분을 차지했다.

충분히 잘 자야 생산성도 향상될 것이다. 따라서 수면 관리는 거대한 시장이 될 수 있다. 채용에 애를 먹으면서 생산성 향상을 위해 안간힘을 쓰는 기업 입장에서 3.3%의 생산성 향상은 그 의미가 매우 크다.

수면의 질이나 양은 뇌파나 신체 동작으로 파악할 수 있다. 인지 행동 요법을 바탕으로 만든 앱으로 수면 리듬이나 습관을 파악하여 수면의 질과 양을 개선할 수 있다. 또한 에어컨이나 조명 등으로 거실이나 침실 환경을 정돈하고, 수면의 질을 높여서 개운하게 일어날 수 있는 공간으로 만들 수 있다. 최근에는 수면을 개선하는 기능성 식품 등의 영양제 영역으로도 시장이 확대되고 있다.

이제 수면의 타이밍, 수면 시 온도와 습도 관리, 피로 정도에 맞춘 기상 시간 제안 등의 사업을 통해 적절한 시기에 수면 관리 분야에 뛰어들어야 한다. 기존의 불면 치료는 수면제나 호흡 보조기 등 주로 부정적인 상태에 대처하는 방식이 중심이었다.

낮의 수면 관리

건강 경영을 지탱하는 낮의 선잠 시장

수면 관리와 관련해서 틀림없이 확대될 시장은 바로 낮을 이용한 낮잠 시장이다. 미국에서는 적극적인 단시간의 낮잠을 'NAP'이라 부르고 있다.

2017년 미국 스탠퍼드대학교 연구에 따르면, 6일 연속 5시간 수면으로 생긴 졸음과 주의력 결여를 45분간의 'NAP'으로 일시적이지만 회복할 수 있다고 한다.

적극적으로 낮잠을 유도하기 위해 낮잠 기기도 개발되어 있다.

> **시장 개요**
> ● 낮의 단시간 수면으로 업무 효율 상승
> ● 치매 위험성을 줄이는 질 좋은 수면

낮잠의 질을 높이는 테크놀로지가 더 발달하고, 낮잠을 허용하는 사무실 환경이 마련된다면 생산성도 크게 개선될 수 있다.

수면 관리는 경제 효율성을 높이는 것만을 목표로 하지 않는다. 노동자의 삶의 질이나 기업이 생각하는 건강 경영의 측면에서도 수면의 질을 계속 고민하고 생각해야 한다. 최근 10년 사이에 수면 중 뇌의 새로운 움직임을 발견한 것도 수면이 주목받은 이유이다.

우선, 충분한 수면은 정신 건강에 반드시 필요하다. 캘리포니아대학교 버클리캠퍼스와 도쿄의과치과대학은 공동 연구에서 꿈을 꾼다고 이야기하는 렘수면 전후의 감정을 비교해봤다. 그 결과, '두려움' '슬픔' '분노' '행복'의 네 가지 감정 중 '두려움' '슬픔'이 현저히 감소하고 '행복'이 눈에 띄게 높아졌다. 이는 밤 동안의 수면이 아니라 90분간의 낮잠을 분석한 것이다.

100세 시대라는 현재, 수면은 뇌의 건강과 밀접한 관련이 있다. 수면의 질이 높은 사람은 알츠하이머형 치매의 원인 물질인 아밀로이드 베타의 뇌 속 축적 비율이 낮다. 반대로 수면 부족 상태거나 수면의 질이 낮은 사람은 아밀로이드 베타의 뇌 속 축적 비율이 높다. 이것은 워싱턴대학교 등의 연구로 이미 판명된 사실이다.

영국 로체스터대학교는 수면 중에 뇌의 신경 세포에 영양을 보급하는 글리아 세포가 수축하면서 아밀로이드 베타 같은 뇌의 노폐물을 배설한다는 것을 밝혀냈다. 그리고 실험용 쥐를 통해 수면 부족 실험을 한 결과, 아밀로이드 베타 배출이 저해되었다고 한다.

수면의 질을 감지하는 것은 치매 위험성이 높은 사람을 발견하는 것으로도 이어질 수 있다. 이는 수면의 질 개선이 치매 예방이 될 수도 있다는 말이다.

수면은 장기 기억, 면역력 향상, 혈압 안정에도 도움이 된다. 학습 기억은 수면 중에 단기 기억에서 장기 기억으로 바뀌기 때문에 학습 후에는 빨리 자는 편이 장기 기억으로 전환하는 데 도움이 된다. 그리고 감기에 걸릴 확률도 수면이 충분한 상태에 비해 6시간 미만으로 잤을 때가 4.2배, 5시간 미만일 때는 4.5배로 더 높아진다. 거기다 수면 부족 상태에서는 비만과 고혈압 위험성도 높아진다. 특히 60세 미만에서는 수면 시간과 비만, 고혈압의 상관관계가 더 높다.

2025년

시장 규모

1조 1,200 억 엔

출처: 경제산업성

시장 개요

- 건강에 대한 투자 촉진
- 예방, 조기 진단, 조기 치료
- 몸 상태, 의욕, 충실도의 시각화

☐ 심신 상태 추적
☐ 직원의 업무 효율에 미치는 이점 설명
☐ 철저한 데이터 관리

건강 경영에서는 종종 병가를 내는 '앱센티즘'이나 건강 문제로 효율이 내려간 상태에서 근무하는 '프레젠티즘'을 중요하게 생각한다. 전자보다는 후자 쪽이 실적에 영향을 미치는 비율이 크다는 지적도 있다. SDGs는 '모든 사람에게 건강과 복지'를 하나의 목표로 삼고 있으며, 직원의 건강을 배려하는 기업이 늘어나고 있다.

최근 주목받고 있는 것 중 하나가 직장에서 직원의 건강 상태를 파악하는 센싱 서비스이다. 예를 들어 심전계, 온도계^{적외선 온도}_{센서}, 삼축 가속도계를 직원의 몸에 붙여두면 다양한 바이털 데이터를 기록할 수 있다. 이후 그 데이터를 분석하면 직원의 상태를 파악할 수 있고, 이를 통해 기업은 직원의 건강을 관리할 수가 있다.

호소야 다카사키 클리닉 원장인 시마다 요지는 이러한 진단 시스템을 개발하고 있다. 그는 "하기 싫다고 생각하면서 일을 하면 자율 신경이 약해지고 스트레스가 높아진다. 직원 한 사람

한 사람의 상태를 추적하여 '휴식을 취하면 스트레스가 내려간 다'는 사실을 입증할 수만 있다면, 의사가 업무 중에 적절한 휴 식을 취하게 하라고 사측에 조언할 수 있다"고 하였다.

운수나 물류 관련 기업에서는 운전사의 수면무호흡증을 비롯 하여 건강 체크를 게을리하는 것은 사고로 직결될 위험이 크다 는 사실을 인식하기 시작했다.

개인의 생체 정보와 활동 정보, 그때그때의 환경 정보까지 집 약할 수 있다면 각 개인의 체질과 실시간 몸 상태를 정확하게 파 악할 수 있다. 그리고 그것에 맞춰 음식이나 활동을 제안할 수도 있다. 대상을 회사 간부로 좁혀서 초고가의 서비스로 제공해도 좋다.

점심 식사 후에 낮잠과 관련한 몸 상태를 데이터화하면 당뇨 병의 악화를 막는 데도 도움이 된다. 당뇨병의 전 단계로 식후 고혈압이 눈에 띄는 시기가 있는데, 그 단계에서는 식사 후에 잠 이 오기 쉽다. 당뇨병은 축적성이 있어서 정년 60세 시대라면 모르겠지만, 정년 70세나 평생 현역 사회에서는 앱센티즘으로 이어지기 쉽다.

여성 헬스 센싱

여성의 몸 상태 배려

연간 노동력 손실

시장 규모

4,911억 엔

도쿄대학대학원 의학계연구과 생식 · 발달 · 가령의학 전공
산부인과학 강좌의 오스가 유타카 교수 그룹이 계산

시장 개요

- 여성의 몸 상태 센싱
- 연간 5,000억 엔에 가까운 노동력 손실 개선

□ 여성 건강에 대한 리터러시(literacy) 교육
□ 철저한 데이터 관리

여성의 몸 상태를 파악하는 것은 오피스 · 헬스 센싱에서 중요한 분야로 떠오르고 있다. 2013년에 도쿄대학대학원 의학계연구과 생식 · 발달 · 가령의학 전공 산부인과학 강좌의 오스가 유타카 교수 그룹이 발표한 데이터에 따르면, 생리전증후군^PMS 등의 생리와 관련한 노동력 손실이 1년 동안 4,911억 엔에 이른다고 한다.

여성은 에스트로겐과 프로게스테론 두 가지 호르몬의 양이 거의 4주를 주기로 크게 바뀌기 때문에, 모두 안정된 시기는 4주 중 1주뿐인 경우도 있다. 이에 비해 남성은 성호르몬의 분비량이 거의 일정하다.

생리 주기는 고온기와 저온기, 즉 체온으로 확인할 수 있다. 웨어러블 디바이스몸에 부착하거나 착용하여 사용하는 전자 장치 등으로 측정한 체온과 여성의 기분 변화를 기록하면, 자각하기 어려운 생리전증후군 증상을 초기에 파악하고 대처할 수 있어서 노동력 손실을 줄일 수 있다.

또한 서양에서는 국가나 세대에 따라 차이는 있지만, 초경에서 폐경까지의 기간 중 임신을 원하는 일정 시기를 제외하고는 일반적으로 저용량 피임약이라 불리는 호르몬 약을 계속 복용한다. 생리 리듬과는 별개로 호르몬의 균형을 일정하게 유지하기 위해서이다. 생리 시 심한 통증을 호소하는 월경곤란증이나 월경의 경혈, 생리전증후군을 없애는 것도 가능하다. 헬스 센싱을 통해 증상이 심한 사람을 미리 찾아낼 수 있다면, 일본에서도 이러한 저용량 피임약의 처방 유도를 생각해볼 수 있다.

이른바 냉증의 수준을 뛰어넘은 저체온 상태를 발견하는 것도 가능하다.

당연한 이야기지만, 헬스 센싱을 통해 얻은 데이터는 매우 민감한 내용이기 때문에 기업이나 단체는 처리와 보호에 세심한 주의를 기울여야 한다. 특히 관리직에 있는 사람들은 여성만의 고민이나 생리전증후군에 대해 올바른 지식을 가질 필요가 있다.

007	통증 없는 신속 진단
	체액, 소변, 피부로 이상 여부 확인

세계 시장

시장 규모

1,400 억 달러
(2025년)

출처: 「테크놀로지 로드맵 2019-2028 '전(全)산업편'」

시장 개요
- 체액, 소변, 피부로 몸의 이상 여부 확인
- 열적외선을 이용한 휴대용 혈당 측정기
- 웨어러블 디바이스의 보급
- 자택과 검진 시설을 연결하는 온라인 서비스

현재 일본의 검진 시장은 5,000억 엔으로, 2030년에는 1조 엔을 뛰어넘을 것으로 예측하고 있다. 이 거대한 시장 속에서 주목받고 있는 것이 피부 표면에 빛을 쐬거나 소변, 체액 등을 통해 통증 없이Painless 몸의 변화를 검사하는 비침습 검사 시장이다.

예를 들면, 가고시마대학교에서 시작된 벤처 기업 스딕스바이오텍은 체액을 사용한 인플루엔자 바이러스 검사 키트를 개발하여 약사 승인을 기다리고 있는데, 기존의 검사보다 감도가 높다고 한다. 기존의 검사는 환자의 콧속에 면봉을 넣어 점액을 채취하는 방식이었다.

초단 펄스 레이저 연구의 일인자인 야마카와 고이치는 과학기술진흥기구JST의 신산업창출프로그램START 등의 지원을 받아 라이트터치 테크놀로지를 설립했다. 라이트터치 테크놀로지는 채혈을 하지 않고 인체에 해가 없는 열적외선을 쏘는 것만으로도 혈당치를 고밀도로 측정할 수 있는 휴대형 검사 키트를 개발했고, 3년 후 실용화를 목표로 하고 있다. 이 검사 키트는 분자를 투과 또는 반사하는 빛이 분자의 종류나 상태에 따라 특유의 파장으로 빛을 흡수하는 특성을 이용하여 만들었다. 또한 규슈 대학교에서 시작한 벤처 기업인 히로쓰 바이오 사이언스는 선충을 사용한 암 검사 서비스 'N-NOSE'를 2020년 1월부터 시작했다. 이 검사 방법은 암 환자의 소변 냄새를 고감도로 식별하는 선충의 성질을 이용한 것으로, 환자의 소변에서 18개 종류의 암을 검사할 수 있다고 한다.

최근 몇 년 사이 이러한 비침습적 검사 방법이 개발되어 기존 방법과 같은 정도의 검사 감도와 특이성 등을 얻고 있다. 이런 비침습적 검사는 의료 기관에 가지 않고도 집에서 측정한 후 결과 데이터를 보낼 수 있다. 이렇게 집과 검진 시설을 연결해주는 서비스가 등장한다면, 기존에 직장, 종합 검진, 일반 병원 검진 등에서 하던 검진 방식을 크게 바꿀 수 있다.

지금까지 의료 기관에서 하던 채혈관을 통한 혈액 검사나 방사선 검사는 의료진의 노동력이 필요할 뿐 아니라 주삿바늘에 찔려야 하는 번거로움, 방사능에 노출되는 위험이 있었다. 또한 바늘이나 채혈관 등의 폐기물 처리 비용도 무시할 수 없다.

다만, 비침습 검사 시장이 커지려면 계측의 정밀도 향상이나 수집 데이터의 축적, 활용 방법의 확립과 같은 과제가 남아 있다.

008	# 의료 적정화 컨시어지
	좀 더 적절한 의료 조언

50세가 넘어가면 여러 가지 생활 습관병이 생긴다. 그리고 병원 몇 군데를 다니면서 비슷한 검사나 투약을 받다 보면, '이것들이 정말 필요한 걸까'라는 의심이 든다. 그러한 의문에 답하는 것이 바로 '의료 적정화 컨시어지concierge' 서비스다. 과거의 건강, 의료, 간병 정보를 분석하여 현재 필요한 의료 행위에 대해 조언해 주는 것이다. 예를 들면, '복제약이 있음' '알레르기 검사는 과거에 이미 실시했음' '개복 수술이 아니라 복강경 수술로도 치료할

시장 개요	● 건강, 의료, 간병의 개인 대상 조언
	● 검사나 투약 등의 최적화
	● 건강 수명을 연장해주고, 인생을 충실하게

앞으로 10년 부(富)를 끌어당기는 100가지 블루오션

□ 건강, 의료, 간병의 개인 정보 수집
□ 정보를 분석하고 적절한 조언이 가능한 AI 개발

수 있음'과 같은 것이다. 이러한 조언을 바탕으로 의사의 진료를 받고, 수술이 필요한 중병이라고 해도 최신 의료 정보를 알려주기 때문에 환자 입장에서는 마음이 든든하다.

국민 한 사람 한 사람이 건강, 의료, 간병에 대한 정보를 스스로 관리하는 시대가 되고, 그때그때 자신의 건강 상태에 딱 맞는 최적의 서비스를 받을 수 있다면 건강하게 살아가는 기간을 늘릴 수 있다. 또한 의료 이용자의 만족도를 높이면서도 초기에 손을 쓸 수 있어서 의료비나 간병비도 줄일 수 있다. 이는 일자리와 소비의 확대로도 이어질 것이다.

처음에는 의료나 간병 관련 일을 해온 베테랑들이 의료 적정화 컨시어지를 담당하게 될 것이다. 하지만 서비스 요금을 내리려면 결국 AI를 이용하게 될 것이다. 초고령화 사회를 맞이하는 세계 각국에서 여기에 대한 요구가 발생할 것이고, 만약 의료 적정화 컨시어지가 성공한다면 일본이 개발한 AI 의료 적정화 컨시어지가 전 세계인의 건강을 지원하는 날이 올지도 모른다.

앞서 말한 대로 매일 혈압이나 심박수 등의 바이털 데이터를 측정할 수 있는 헬스 센싱이 시작되면, 이러한 데이터를 사용하여 건강 조언도 가능해진다. 예를 들어 체온 37도는 성인의 정상 체온 기준이지만, 실제로는 개인차가 있다. 37도가 폐렴 등의 초기 증상인 사람도 있고, 반대로 전혀 불편하지 않은 사람도 있을 수 있다. 데이터를 계속 측정하다 보면, 개인의 평상시 수치를 알 수 있고 미묘한 변화를 파악할 수 있어 병을 조기에 발견하거나 중증으로 가는 것을 예방할 수 있다.

주목할 만한 사례로, 병원과 간병 시설을 운영하는 후쿠오카시의 후요 그룹이 개발한 '매일 안심 진단 네트'라는 것이 있다. 이는 개인의 바이털 데이터를 365일 측정하여 한 사람 한 사람의 '특별 맞춤^{개별화} 의료'에 매진하는 것으로, 이미 병원과 간병 시설에 도입되어 성과를 올리고 있다.

**수명 예측
서비스의
연간 이용료 총계**

시장 규모

6조 엔

닛케이BP종합연구소 추정

시장 개요
- 개인의 유전자, 건강 상태, 행동 파악
- AI로 수명 예측
- 개인별 음식/운동 서비스 제공

□ 유전자 해독의 간소화와 저가화
□ 사람의 건강 상태나 행동 센싱
□ AI를 활용한 수명 예측 모델 구축
□ 입력 데이터가 많을수록 예측 정확도 향상

개인의 유전자, 건강 상태, 행동 패턴을 기록하고, 일련의 데이터를 수명 예측 모델 AI에게 학습시켜 수명을 예측하는 서비스이다. 예측과 동시에 수명을 연장할 수 있는 조언도 제공한다. 구체적인 방법으로는 식단 작성, 운동 서비스 제안 같은 것을 들수 있다.

의료비 삭감이 사회의 과제가 되었고, 동시에 건강하고 독립적인 생활에 대한 요구도 강해지고 있다. 이 서비스로 수명을 연장하는 데 도움이 되는 행동 변화가 일어난다면, 사회 문제가 해결되고 개인의 요구에도 맞아떨어질 수 있다.

서비스의 내용과 질에 따라 달라지겠지만, 건강 검진 중 고액이라 할 수 있는 회당 10만 엔 정도라면 큰 시장을 형성할 수도있다. 이 시장을 가능하게 할 열쇠 하나는 저비용으로 간단하게할 수 있는 유전자 해독 기술과 많은 이용자를 하루빨리 얻는 것이다. 데이터가 많으면 많을수록 AI 예측의 정확성도 높아질 것이다.

개인 건강에 대한 집계 데이터와 이용자에게 전달할 결과 데이터, 또한 건강이나 수명 같은 민감한 데이터를 다루기 때문에 보안 유지는 당연하다. 그리고 이용자와 합의된 내용이 있어야 하고 그 결과를 설명할 때도 글귀 등에서 세심한 배려가 필요하다.

많은 사람에게 '자신의 수명이 얼마나 남았는지'는 중대한 관심사다. 높은 확률로 남은 날이 얼마 되지 않는다는 사실을 알게 되면 마지막을 대비하면서 끝까지 삶을 완수하겠다고 생각할 것이고, 질병 치료를 멈추고 완화 케어를 선택할지도 모른다.

또한 수명 예측 방법이 진화하면 생활 습관에 따라 수명 시뮬레이션이 어떻게 달라지는지도 알 수 있다. '지금의 생활 습관을 어떤 식으로 바꾸면 몇 년 더 살 수 있다'와 같이 생활 습관 지원 프로그램을 개인별로 설계할 수 있게 된다. 질병이 발병하기 전에 조치할 수 있고, 건강을 오래 유지하는 것이 가능해지면 의료비 삭감에도 크게 도움이 될 것이다.

010	푸드테크
	'모든 사람'을 대상으로 하는 이노베이션

86억 엔

시장 규모

출처: 「2019 세계 도시화 전망」(유엔)

 시장 개요

- 이용자의 가시화
- 음식의 개별 최적화
- 음식이 곧 약이다
- 대체 단백질
- 비즈니스 모델

공략 포인트

☐ 시선을 세계 시장으로
☐ 에코 시스템
☐ 행동!

'푸드'와 '테크놀로지'를 합한 조어이다. '음식 이노베이션'으로 바꿔 말할 수도 있다. 그 대상 범위는 식물성 고기인 '대체육', 레시피와 주방 가전의 결합, 요리 로봇, 음식 배달, 식물 공장 등으로 폭이 넓다.

푸드테크의 기세를 상징하는 사건이 2019년 초에 일어났다. 매년 1월에 미국 라스베이거스에서는 국제전자제품박람회CES가 열린다. 이곳에서 식물성 대체육이 처음으로 전시되어 화제가 되었고, 그 외에도 푸드테크 전문 이벤트가 동시 개최되었다. 푸드테크는 CES의 이벤트로 끝나지 않고, 세계 각지에서 이와 관련한 주제로 새로운 이벤트가 계속 열리고 있다. 미국의 테크놀로지 계열 펀드, 빌 게이츠나 배우 리어나도 디캐프리오 등의 엔젤 투자가는 푸드테크 관련 스타트업에 투자하고 있다.

그럼, 왜 지금 푸드테크일까? 그 이유는 전 세계적으로 인구가 증가하면서 식량 위기에 대한 불안감이 고조되고 있기 때문이다. 게다가 삶의 질이라는 관점에서도 음식에 관심이 높아지고 음식도 더욱 다양화되고 있기 때문이다. 인터넷의 보급으로 개인의 기호나 활동을 '시각화'할 수 있게 된 점도 크다. 개인의 특성을 시각화할 수 있게 되면, 개인의 기호와 취미, 건강 상태 등에 맞춰 개별적으로 최적화된 식사나 음식 관련 서비스를 쉽게 제공할 수 있다.

푸드테크 시장은 거대하다. 2030년에 세계 인구는 86억, 2050년에는 100억이 될 것이라고 한다. 이 많은 사람이 푸드테크의 고객이 되는 것이다. 대상이 계속 확장하기 때문에 전체적으로 시장을 살피면서 '어디에서 어떻게 공략해야 하는가'가 핵심이 될 것이다. 사람들의 요구 지점을 찾고, 거기에 맞는 서비스를 제공하면서 부족한 것은 보충하는 새로운 에코 시스템을 만들어둘 필요가 있다. 건강과 생명에 관련된 만큼 품질은 당연한 것이고, 하루빨리 사람들의 요구 지점을 파악하여 빠르게 움직여야 한다. 그렇지 않으면 큰 변혁을 일으킬 수 없다.

유기농 상품

'모든 사람'을 대상으로 하는 이노베이션

시장 규모

**2030년
농산물, 화장품,
일용품 등**

연간 2조 엔

닛케이BP종합연구소 추정

시장 개요

- 건강과 환경을 배려한 농작물과 화장품
- 소비자의 의식 향상이 그 배경
- 서양에서는 식품 관련만 수조 엔의 시장 형성

일본의 '유기농' 시장이 계속 확대되고 있다. 대표적인 상품은 농약이나 화학 비료를 줄인, 또는 농약에 기대지 않는 농법으로 키운 채소와 과일, 건강한 사육 환경에서 자란 축산물, 천연 재료로 만든 화장품과 비누 등이다. 최근 1~2년 사이에 대형 슈퍼마켓들은 유기농 관련 매장을 확대했고, 동시에 유기농 제품 전문점도 눈에 띄게 늘어나고 있다. 건강과 환경 문제에 관심이 높은 소비자가 증가하고 있다는 증거다.

이런 소비자는 유기농 식재료를 원재료로 사용한 가공식품, 해양 자원의 지속성을 배려한 어패류, 유기농 면을 사용한 의류, 화학 물질 사용을 줄인 가구, 유기농 식재료를 사용한 레스토랑, 유기농 분야의 상품과 서비스를 모아놓은 이벤트 등에 투자하는 경향이 있다. 일반적으로 '건강, 환경, 사회의 지속성을 배려한 상품과 서비스의 집합'이 유기농 시장을 구성하고 있는 것이다.

유기농 시장의 중심은 식품이다. 조사 기관에 따라 차이는 있지만, 일본 내 유기농 식품의 시장 규모는 2017년 전후로

1,000억~4,000억 엔대로 추산하고 있다. 한편, 서양의 유기농 식품 시장의 규모는 0이 하나 더 붙는다. 예를 들어 2017년 미국에서는 유기농 식품의 총 매출이 452억 달러, 독일은 113억 달러였다 FiBL&IFORM 'The World of Organic Agriculture Stratistics&Emerging Trends 2019' 인용. 인구 차이를 생각하더라도 일본보다 상당히 큰 액수다.

그만큼 일본 시장도 앞으로 커질 가능성이 매우 크다. 우선, 정량 및 정성 조사를 통해 상품의 실질적인 강점을 명확히 내세우는 것이 필요하다. 기존의 유기농 식품과 화장품은 '건강한' '친환경' 등의 이미지로 소비자들에게 인식된 경향이 강한데, 최근 식품 분야에서 정량 조사가 조금씩 진행되기 시작했다. 일본의 비영리 단체 등은 유기농 기법으로 재배한 채소를 일정 기간 계속해서 먹으면 소변 내의 농약 밀도가 떨어진다는 데이터를 발표했다.

또한 식품의 경우에는 가격을 내리는 것도 필요하다. 예를 들어, 유기농법으로 키운 채소의 소매 가격은 보통 채소보다 약 2배가량 비싸다. 애그테크agtech: 최첨단 농업 기술의 도입이나 유통 과정의 개혁을 통해 판매 가격을 내릴 수 있다면 유기농 식품 시장은 훨씬 더 커질 것이다.

012	완전식품 수출
	위장을 잡으면 세계를 잡을 수 있다

시장 규모

완전식품 시장이 노리고 있는 최소 규모

약**53**조 엔

2018년 일본의 건강 보조 식품 시장 규모

1조**4,260**억 엔

출처: 후지경제 조사. 건강 보조 식품(식품, 드링크류)

시장 개요

- 건강 문제 해결: 건강식품
- 식량 문제 해결: 빈곤층의 일상식
  모든 인구의 긴급 식사

'이것만 먹어도 하루에 필요한 영양소를 모두 취할 수 있다.' 이러한 식재료를 완전식품이라고 부른다. 완전식품은 건강식품이나 영양제의 연장선으로 등장해서 영양 측면에서는 우수하지만 가격이나 맛은 아직 부족하다. 현재는 벤처 기업이나 대기업의 식품 브랜드에서 관련 제품을 출시하고 있는 단계이다.

완전식품이 주목받는 이유 중 하나는 건강 때문이다. 더 날씬해지고 싶다, 조금만 먹어도 속이 든든한 음식을 먹고 싶다, 질병을 미리 막고 싶다, 건강 검진 결과가 좋았으면 좋겠다 같은 사람들의 요구에 따른 것이다. 선진국에서 건강식과 영양제를 찾는 것과 같은 이유이다. 또 다른 이유는 식량 문제이다. 세계 각지에서 끊임없이 재해, 분쟁, 기아가 일어나고 있어서 재빨리 필요한 영양분을 섭취할 수 있는 비상식량이 필요하다.

이 시장에서 성공하려면 식품의 질을 높여서 영양분을 확실히 섭취할 수 있는 음식을 개발해야 한다. 해외 시장을 노리려면 비용 면에서도 우위를 차지해야 한다. 영양과 비용의 문제를 해결하면, 그다음은 맛이 있어야 하고 건강에도 도움이 되어야 한다. 지금의 식재료나 기술의 조합으로는 아직 획기적인 품질이나 비용 경쟁력을 얻기 어려울 수 있다. 그렇다면 특허에 바탕을 두는 등 지금까지와는 전혀 다른 소재나 가공법 개발이 성공의 열쇠가 될 것이다.

완전식품 시장은 장벽은 높지만 시장은 거대하다. 시장 규모가 최소 53조 엔에 달할 거라고 추산하고 있다. 이미 미국에서는 영양제로만 10조 엔의 시장이 존재한다. 미국 다음으로 규모가 클 것으로 보이는 중국에서도 수조 엔의 규모가 예상되며, 양쪽 모두 계속해서 확대 중이다. 일본에도 자양강장제나 생활 습관 질병 예방을 내건 건강 관련 식품만 해도 자그마치 1조 4,260억 엔2018년. 후지경제 조사의 시장이 있으며, 지금도 계속 증가 중이다.

앞으로 10년 부(富)를 끌어당기는 100가지 블루오션

013	푸드 투어리즘
	맛있는 생선으로 관광객 모으기

2020년
방일 외국인의 음식비

시장 규모

1조 2,000 억 엔

시장 개요
- 맛있는 음식이 목적인 여행 증가
- 일본은 생선을 활용
- 갓 잡아 올린 생선을 항구 근처에서 소비

외국인 관광객이 일본을 찾는 큰 이유 중 하나는 '음식'이다. 음식이 목적인 여행을 '푸드 투어'라고 부르는데, 관광 대국을 목표로 한다면 반드시 필요하다. 이 분야의 선진국은 이탈리아로, 농가가 운영하는 숙소에 머물면서 그 고장의 음식과 와인을 즐길 수 있다. 이탈리아에서는 이런 여행을 '어그리투어리즈모'라고 한다.

유형의 상품 소비에서 무형의 체험 소비로 급속히 이동하는 지금, 일본에서 푸드 투어를 산업으로 만들려면 '생선'을 이용하는 것이 가장 확실한 방법이다. 그 지방에서만 잡히는 제철 생선을 먹을 수 있는 가게들이 앞으로 점점 더 주목받으면서, 푸드 투어의 주역이 될 것이다. 여행자의 '입맛'만 잡을 수 있다면 그 여행자가 단골이 될 가능성도 커진다. 아름다운 경치는 금방 질리지만 맛있는 것은 쉽게 질리지 않으니까 말이다.

지방마다 그곳에서만 먹을 수 있는 생선이 있다는 것이 푸드 투어의 시작점이다. 외국인에게 인기를 끈 생선은 결국 내국인으로도 이어지게 된다. 대수롭지 않게 먹던 생선이 고급 생선으로 바뀌고 새로운 시장이 만들어지게 될 것이다. 외국인에게 인기라는 입소문이 퍼지면 내국인도 움직일 테고 내국인 관광객까지 사로잡는다면 순식간에 퍼져나갈 것이다. 정해진 식재료를 대량으로 준비해야 하는 가맹점과는 선을 긋고, 그 지방만의 음식점을 준비한다면 푸드 투어는 더욱 성장하게 될 것이다.

또한 수산업 종사자의 소득이 늘어나 수산업의 지속 가능성을 실현할 수도 있다. 수산업 측에서도 얻는 것이 크고, 식품 낭비를 줄이려는 정부 방침과도 잘 맞는다. 그동안 수협은 팔리는 생선만 취급했기 때문에 포획수가 적은 특이한 생선은 일반인에게 유통하지 않고 그대로 버리거나, 거저 주는 거나 다름없는 가격으로 넘겼다. 갓 잡힌 생선 중 35%가 버려졌다. 참치나 고등어 같은 특정 어류에 집중되어 있으면, 푸드 투어의 차별성을 만들기도 어렵고 이웃 나라와 분쟁도 계속 일어날 수밖에 없다.

관광객에게 맛있고 특이한 생선을 제공하려면, 어느 항구에서 어떤 생선이 잡혔는지를 파악하여 그 생선을 원하는 음식점이나 여행자에게 전달해야 한다. 그리고 생선 폐기율을 낮춰 모조리 팔 수 있게 해주는 앱과 정보 시스템을 구축해야 한다. 전달하는 데 그치지 않고 식당 예약이나 결제까지 가능하게 된다면, 여행자가 더 편리하게 이용할 것이며 평점도 올라갈 것이다.

생선은 갓 잡힌 항구 근처에서 소비하는 게 중요하다. 따라서 어떤 생선이든 조리할 수 있는 요리사와 식당이 현지에 있어야 한다. 반드시 일식일 필요는 없고, 이탈리아식이나 중식이어도 좋다. 위험성을 안고 지방에 가게를 열 사람을 찾아내고 지원하는 시스템도 필요하다.

지방에는 음식점뿐만 아니라 숙박 시설도 있어야 한다. 관광객 한 사람의 소비를 늘리려면 숙박을 하게 하는 것이 중요하다. 그렇게 하면 숙박비를 받는 것뿐 아니라 음식점을 찾는 횟수와 주류 소비 모두 늘어날 것이다.

014 제한식 식재료

알레르기나 채식주의자에 대한 배려

관광으로 방문하는 외국인 중에는 식재료에 제한을 두는 사람이 있는데, 이른바 베지테리언이나 비건, 무슬림과 같은 사람들이다. 이들을 대상으로 한 전문 식재료와 요리가 필요하며, 앞으로 이 분야가 새로운 시장으로 각광받게 될 것이다. 또한 식재료 알레르기에 대한 대책도 필요하다. 알레르기 검사 시스템이나 식사 대책, 의료 정보 등을 제공하는 방법도 고려해야 한다.

게놈 편집 기술 응용 식품

기대는 높지만 소비자의 수용이 과제

동식물에 상관없이 게놈 편집 기술을 응용한 식품의 연구가 진행 중이다. 기존의 유전자 변형이 아니라 게놈 편집을 통해 품종을 개량한 농작물이 시장에서 유통될 날이 점점 다가오고 있다. 세계의 대기업 식품 브랜드 등이 농작물 개량에 매진하고 있고, 일본에서도 대학에서 시작된 벤처 기업 등이 상품화를 위해 제품을 개발 중이다.

전 세계의 음식 시장은 확대의 길을 걷고 있고, 2020년에는

시장 개요
- 게놈 편집 기술로 맛과 효능을 높인 농작물
- 시장 유통은 이제부터
- 수출 확대 가능성 기대

앞으로 10년 부(富)를 끌어당기는 100가지 블루오션

680억 엔으로 규모가 거대화될 것으로 예측하고 있다. 게놈 편집으로 맛이나 영양가, 수확량을 개량한 경쟁력 있는 식품을 만들어낼 수 있다면, 퇴출 분위기였던 농업이 수출을 통해 성장 노선으로 방향을 바꿀지도 모른다.

후생노동성은 일본 농업이 세계에서 선두를 달리기를 기대하고 있으며, 게놈 편집 기술을 응용한 식품을 판매하기 전에 신고가 필요한 항목을 공표하여 신고 신청을 받을 예정이다. 신고만 하면 되기 때문에, 이대로만 된다면 유전자 변형 식품처럼 식품이나 패키지에 게놈 편집 기술을 사용했다고 표시할 필요가 없다. 변형한 유전자를 추가하는 것이 아니라 기존의 품종 개량이나 돌연변이와 동일하다고 보기 때문이다. 단, 뭔가를 인위적으로 바꾸었는데도 그것을 표시하지 않은 식품이 시장에 나오는 것을 불안하게 생각하는 소비자가 분명히 있을 것이다. 아직은 시장에서 게놈 편집 기술을 응용한 식품을 어떻게 받아들일지 불투명하다.

일본에서는 대학이나 대학의 벤처 기업이 주로 참여하고 있

는데, 앞으로 어떻게 산업으로 키워갈 것인가도 해결할 과제
이다. 또한 게놈 편집 기술을 응용한 식품이나 농작물이 소비자
에게 받아들여진다면, 기존의 농작물을 대체해버릴 가능성이
있다. 그때는 원래 종자를 어떻게 보존할 것인가도 과제가 될 것
이다.

CBD^{Cannabidiol: 칸나비디올}는 대마의 줄기 또는 종자에 포함된 성분으로, WHO는 의료용으로 사용할 수 있다고 인정하고 있다. CBD를 음료에 섞어 마시면 긴장이 풀리거나 숙면 등의 효과가 있으며, 이미 간질이나 우울증 치료에 사용된 실례도 있다. 그 밖에도 다양한 증상에 효과가 있다고 밝혀져서 관련 연구가 한창이며, 의료계에서 주목하고 있는 성분이다.

또한 세계도핑방지기구^{WADA}도 2017년 9월, CBD를 금지 약

> **시장 개요**
> ● WHO가 인정한 의료적 유효성
> ● 세계적으로 이는 '그린 러시(green rush)'
> ● 오일이나 초콜릿 등의 관련 제품

물 리스트에서 제외했다. CBD가 운동 능력을 향상시키지 않는다는 뜻이다. 2019년 4월, 43세의 타이거 우즈가 마스터스에서 부활을 알리는 우승을 거뒀다. 그런데 그가 경기 중에 계속 씹던 껌에 CBD가 들어 있었을 것이라고 미국 골프 잡지가 보도했다. 골프처럼 정신력이 중요한 스포츠에서 긴장을 풀어주는 CBD는 꽤나 효과적이었을지도 모른다. 정확한 사실은 알 수 없으나, 만약 CBD가 들어 있었다고 해도 위법은 아니며 도핑도 아니다.

CBD는 환각 증상을 불러오지 않는다. 대마에서 환각을 불러오는 것은 대마의 씨, 잎, 뿌리에 있는 THC^{테트라하이드로카나비놀}라는 성분이다. 그래서 CBD를 의료 대마, THC를 기호 대마라고 부르기도 한다. 어느 쪽이나 대마에 포함되는 성분이지만, 일본에서 CBD는 합법적으로 구입할 수 있고 THC는 위법이다.

CBD의 효과에 주목하고 대마 산업을 성장 엔진으로 삼으려는 움직임이 세계 각국에서 널리 퍼지고 있는데, 이를 '그린 러시^{green rush}'라고 한다. 이런 움직임 중 하나로, 2018년에는 미시간주를 비롯한 미국의 몇 개 주와 캐나다에서 의료용은 물론이고 기호식품으로서 대마를 사용하는 것도 모두 합법화되었다. 일본에서는 현재 CBD 오일이나 CBD 초콜릿 등을 살 수 있으며, 앞으로는 전 세계적으로 급증하고 있는 CBD 관련 제품이 수입 판매될 것이다. 단, 수입 판매 시에는 THC가 섞여 있는지 충분한 주의가 필요하다. 미국 등에서 판매되고 있는 CBD 제품에는 아주 적은 양이지만 THC가 함유된 것도 있어서, 일본에서 판매하려면 THC를 철저하게 배제해야 한다.

　일본에서도 허가를 받으면 CBD를 목적으로 한 대마 재배가 가능하다. THC를 포함한 대마의 씨, 잎, 뿌리의 처분법을 명시하고, 동시에 재배 중에 대마가 도난당하지 않도록 철저한 대책을 세워야 한다. 이러한 조건이 완화될 가능성은 낮으며 재배 허가를 받기까지 상당한 각오가 필요하다.

017

반려동물 친화형 스마트 시티

'개를 키우기 좋은 지자체'를 내세우는 시대로

2025년

시장 규모

닛케이BP종합연구소 추정

1조 엔

시장 개요

- 고령자의 건강 유지
- 커뮤니티 형성
- 반려동물 환경 IoT
- 긴급 상황 대응 훈련 시설
- 반려동물 동반 음식점

고령자 1인 가구가 늘어나고 있다. 도시뿐 아니라 지방과 시골에서도 늘어나고 있다. 이러한 경향은 막을 수 없으며 전 세계적인 현상이다. 고령자 1인 가구는 심신의 건강을 모두 잃기 쉽고 범죄 대상이 될 위험성도 높으며, 고독사로 발견이 늦어질 수도 있다.

이러한 사회 문제를 해결하기 위해서 고령자에게 개를 키우도록 장려하는 움직임이 나타나기 시작했다. 고령자가 개를 키울 때의 장점은 크다.

우선, 개를 키우면 심신의 건강을 유지할 수 있다. 매일 산책하는 것이 습관이 되어 운동 부족을 해소할 수 있고 건강을 유지하기도 쉬워진다.

두 번째는 개를 산책시키는 사람들끼리 공통의 화제가 생겨서 친해질 수 있다. 산책 도중에 다른 사람들과 이야기할 기회가 늘어나면 뇌의 움직임이 활성화된다. 이렇게 친해진 사람과 맺은 연결고리가 커지면 커뮤니티를 형성할 수도 있다. 다른 사람과 소통이 늘어나고 함께 식사를 하러 외출하거나 이벤트에 참여할 기회도 늘어나게 된다. 이것은 곧 안티에이징으로도 이어질 수 있다.

세 번째는 개 그 자체의 힐링 효과이다. 개에게 사료를 주고 키우는 행위는 책임감을 심어주며 생활에 활기를 불어넣을 것이다.

네 번째는 고령자의 안전을 지킨다는 점이다. 고령자가 심장발작으로 쓰러지는 등의 긴급한 상황에서 개가 짖거나 소란을 피워 도움을 요청할 수도 있다. 늘 산책하던 고령자의 모습이 보이지 않으면 무슨 일이 있는 게 아닌가 하고 주변 사람들이 눈치채기가 쉬워진다.

이상과 같이 고령자가 개를 키우는 데는 장점이 많다. 하지만 개를 키우는 고령자가 늘어나더라도 지금은 마을의 인프라가 충분히 구축되어 있지 않다. 개를 산책시킬 수 있는 길이나 공원 등이 아직 부족하다. 개를 키우는 사람이 모일 장소나 개를 데리고 갈 음식점도 적다.

앞으로 지자체들이 개를 키우는 것의 장점에 주목하여 개를 키우기 좋은 마을로 만들기 위해 투자를 시작할 것이다. '개를 키우기 좋은'이라는 콘셉트를 명확히 내세우는 지자체가 나타나고, 개를 키우려는 고령자들이 살 수 있는 안전한 마을 만들기를 목표로 하는 지자체도 늘어날 것이다.

018

라이브 엔터테인먼트

인간 본래의 욕망을 충족시키다

시장 규모

2018년 일본

5,685

억 엔

출처: 피아종합연구소
전년 대비 10.4% 증가, 음악 시장 3,776억 엔(8.9% 증가), 무대 시장 1,909억 엔(13.3% 증가)

시장 개요
- 2016년 이후로 매년 역대 최고 기록 경신
- 가상으로는 대체할 수 없는 체험

□ 테크놀로지를 활용한 새로운 타입의 공연
□ 외국인 관광객 유치
□ 프로모션과 티켓 구입 방법의 진화

디지털 사회 속에서 아날로그라고 생각하던 '라이브 엔터테인먼트' 시장이 착실히 성장하고 있다. 피아종합연구소의 조사 결과에 따르면, 2018년 일본의 라이브 엔터테인먼트 시장 규모는 2000년보다 약 2배에 달한다. 인터넷과 가상 공간으로는 대체할 수 없는 체험인 라이브 공연은 앞으로도 계속 성장해갈 것이다. '그때 그곳이 아니면 느낄 수 없는 라이브 공연을 체험하고 싶다.' 이런 감정은 인간 본래의 욕망이기 때문이다.

엔터테인먼트는 원래 비일상을 맛보는 것이 상품 가치였다. 언제 어디서든 콘텐츠를 즐길 수 있다고 하지만, 디스플레이 속에 멈춰 있는 것은 실물에 대한 욕망을 만족시켜주지 못한다. 지금 사회는 상품과 서비스가 넘치지만 사람들이 특히 갖고 싶어 하는 상품은 점점 사라지고 있다. 그래서 상품 소비에서 체험 소비로 변화가 일어나고 있으며, 라이브 공연은 체험 소비의 전형이다.

그리고 두 가지 키워드가 있는데, 하나는 IR^{종합형 리조트}이다. IR

추진법이 만들어진 후, 일본에도 3개 시설이 문을 열 준비를 하고 있다. 주변 정비를 포함하여 투자액은 각각 1조 엔 규모가 될 것이라고 한다. IR 추진법을 '카지노법'이라고도 부르지만, IR 면적의 대부분은 호텔과 컨벤션 시설, 쇼핑몰이며 고객을 끌어들이는 대표적인 방법은 라이브 엔터테인먼트이다. 카지노의 면적은 IR 전체의 3% 미만이다. 미국 라스베이거스가 1990년 대에 비약적으로 성장할 수 있었던 것은 데이비드 카퍼필드와 같은 마술이나 태양의 서커스 등 가족이 즐길 수 있는 새로운 라이브 공연이 등장하여 인기를 얻었기 때문이다. 최근에는 뮤지컬이 IR의 간판 사업이 되고 있다.

두 번째는 외국인 관광객이다. 일본 정부는 외국인 관광객을 4,000만 명으로 확대할 것이라고 발표했다. 이것으로 나이트 이코노미^{밤부터 다음 날 아침 사이에 이루어지는 경제 활동}가 늘어날 것이며 엔터테인먼트도 더욱 내실 있게 변할 것이다. 이미 신주쿠의 로봇 레스토랑이나 도요스의 '팀 라보 플라넷'은 테크놀로지와 융합한 새로운 엔터테인먼트로서 외국인들에게 큰 인기를 끌고 있다. 만화나 애니메이션, 게임이 원작인 가부키나 뮤지컬에는 언어의 장벽을 뛰어넘을 아이디어를 가미한 새로운 공연 장르가 생겨나고 있으며, 해외 관광객도 모여들고 있다.

구기 종목 TOP 5(농구, 축구, 크리켓, 테니스, 골프)의 세계 경기 인구

시장 규모

9억 7,500 만 명

닛케이BP종합연구소 추정

시장 개요

● 아마추어 시합을 세계 대회의 일부로
● 시합은 인터넷 활용

앞으로 10년 부(富)를 끌어당기는 100가지 블루오션

□ 세계적인 인터넷 서비스 필요
□ VR 기술의 응용

프로 스포츠 경기는 전체의 0.1% 미만이고 99.9% 이상이 아마
추어다. 이러한 아마추어 경기 동영상은 인터넷에 셀 수 없이 많
다. 전문 평론가가 이러한 영상들을 모아 실력을 평가하고 우수
한 팀을 선발한다. 그리고 지역 대표에서 국가 대표까지 선발한
다. 그 과정에서 후원자가 생기면 진짜 대회를 개최해도 좋다.
최종적으로는 세계 대회를 실제로 개최한다.

동영상 조회수에 따라 광고 수입을 각 팀에 나눠주거나 크라
우드펀딩으로 특정 팀을 응원하는 것도 가능하다. 거기다 5G
등의 네트워크 기술이 발달하면, 같은 경기장에 모이지 않고도
각 나라의 경기장에 선수가 모여 축구를 하면서 양쪽이 실제로
대전하는 것처럼 영상을 만들어 보여줄 수도 있다. 그 영상을 전
세계로 방송하는 가상의 세계 대회도 가능하다.

AR증강 현실, VR가상 현실 기술을 이용하여 멀리 떨어진 곳에 있는
선수가 마치 눈앞에 상대 선수가 있는 것처럼 경기를 치르는 것
은 지금도 게임 세계에서는 가능하다. 기존의 인기 구기 종목에
서 이러한 경기를 하려면 기술적으로 좀 더 시간이 걸릴지도 모

른다. 하지만 만약 실현이 가능해진다면, 아마추어 선수가 전 세계의 선수와 쉽게 시합할 수 있게 되어 기존의 프로 스포츠 이상의 거대한 비즈니스가 될 수 있다.

다만 이러한 스포츠 네트워크를 이끌어갈 강력한 후보는 페이스북이나 위챗과 같은 거대 SNS 기업이다. 많은 사람이 이미 참여하여 동영상을 감상하고 자신의 의견을 이야기하고 있다는 것은 큰 강점이다. 단, 서양의 SNS는 중국에서 사용할 수 없고 중국의 SNS를 전 세계 사람들이 사용하고 있는 것도 아니다. 국가의 벽을 어떻게 뛰어넘을 것인지도 과제이다. 아마존이 계획 중인 통신 위성을 사용한 글로벌한 네트워크라면 실현할 수 있을지도 모른다.

020 장비의 늪

가성비보다 가치관 중시

'장비^{gear}의 늪'이란 '사람들이 계속해서 장비를 사는 상태'를 나타내는 조어이다. 다이빙, 캠핑, 낚시, 자전거 등 장비가 필요한 스포츠가 모두 해당한다. '늪'이라는 표현은 이를테면 계속해서 새로운 캠핑 장비를 사는 사람을 '캠핑의 늪에 빠졌다'라고 표현하는 것에서 가져왔다.

장비가 필요한 스포츠를 즐기는 사람들은 일반적인 생각과 다른 가치관으로 상품을 구입한다. 우선 '똑같은' 상태를 싫어한다. 캠핑의 늪에 빠진 사람은 캠핑장에서 똑같은 텐트가 가까이에 있는 것을 싫어한다. 일본에서는 '스노우피크'라는 캠핑 브랜드의 상품을 모으는 사람을 '(스노우)피카'라고 부르는데, 이들은 혹시라도 다른 사람들과 같은 캠핑용품을 사용할까 봐서 '노르디스크'나 '헬레베르크' 같은 해외 브랜드도 함께 모은다. 그리고 고집도 세서 낚시에 빠진 사람들 중에는 카본제 낚싯대가 아닌 장인이 만든 대나무 낚싯대만을 사용하는 사람도 있다.

　이러한 장비들은 SNS와 궁합이 좋아서 인스타그램에 올렸을 때의 반응을 기준으로 물건을 고르는 사람도 많다. 이렇게 장비의 늪에 빠진 사람들에게 기능성이나 가성비는 최우선 사항이 아니다. 이런 경향은 신제품을 금세 흔해지게 하거나 가격 경쟁에 휘말릴 일을 막아준다. 바로 이전 모델 상품이나 중고품을 저렴하게 샀다고 만족해하지도 않고, 그렇게 사지도 않는다. 독과점도 발생하지 않을 것이다. 텐트나 자전거에는 부속으로 딸려오는 다양한 소품이 있고, 소량으로 양질의 아웃도어 장비를 만드는 다수의 브랜드가 생겨날 수 있다. 만약 자신만의 특별한 분야를 가지고 있으면 이 시장에 신규 진입하는 것도 어렵지 않다.

의식이 높은 계열의 상품

소비자의 상품 선정 기준이 바뀌고 있다

일본에서는 무인양품과 같은 단순하고 자연주의적인 상품을 적극적으로 고르는 젊은이들을 '의식이 높은 계열意識高い系'이라고 부르기도 한다. 다소 조롱의 의미가 섞였을 수도 있지만, 이 의식이 높은 젊은이들이 고르는 상품군을 새로운 시장으로 볼 수 있다. 실제로 젊은이들만 그런 것이 아니라 소비자의 상품 선정 기준이 크게 바뀌고 있다. 윤리적 소비착한 소비라는 말처럼 식품이라면 무첨가, 화장품이라면 자연에서 가져온 것을 고른다. 이런 소비자들은 그런 상품을 선호하는 사람들의 커뮤니티에 적극적으로 참여한다. 또한 출처가 어디인지도 상품 선택에 영향을 미친다.

외국 기업들은 사업 활동 자체가 사회 공헌이 될 수 있도록 경영 전략을 세운다. 동물 보호나 개발도상국의 열악한 환경 개선과 같은 주제를 제시하고, 그것을 해결할 수 있는 방향으로 경영을 이끈다. 그리고 이를 기업 브랜딩에 활용하는 성장 전략을 구사하고 있다. 하지만 일본 기업은 벌어들인 돈을 사회에 환원하는 것만이 사회 공헌이라고 생각하는 경우가 많다.

022 애그리투어리즘

자연과 생물 접촉에 대한 기대

애그리투어리즘^{agritourism}은 농업^{agri}과 여행^{tourism}을 조합한 단어로 '농촌 체험 관광'을 뜻한다. 도시에 사는 사람이 개인이나 가족 단위로 농촌이나 농장을 여행하면서, 일정 기간 그곳에 체류하거나 숙박하며 모내기와 벼 베기 같은 농사일을 직접 체험하는 것을 가리킨다. '그린 투어리즘'이라고도 부르며 어촌이나 목장도 가능하다.

애그리투어리즘의 목적은 도시와 농촌의 교류 촉진, 지역 경

> **시장 개요**
> - 농어촌으로 가는 여행, 현장 체험
> - 체류 내지는 숙박
> - 정부의 각종 규제 완화

제의 활성화, 현장 체험을 통한 교육 효과, 자연에서 얻는 힐링 등이다. 그 목적이 무엇이든 모두 중요하다.

일본 농림수산성이 '그린 투어리즘'의 깃발을 흔들기 시작한 것은 1992년으로 꽤 오래되었다. 전국의 200곳을 시범 지역으로 선정하여 '농산어촌여가법'을 만들고 각종 규제를 완화하였다. 하지만 여행자의 생각과 여행자를 받는 농가나 마을의 생각이 항상 일치하는 것은 아니며, 이러한 시도 자체를 알리는 데만도 꽤 많은 시간이 필요하다.

그래도 2030년에는 애그리투어리즘이 발전할 가능성이 크다. 그 이유는 우선 교육이다. 체험형 수업이 중요해지면서 정식 수업의 하나로 농촌 체험을 도입했기 때문이다. 시골의 자연 속에서 배우는 것을 중요하게 여기는 경향이 높아지고 있다. 그리고 농촌에만 한정하지 않고 아이를 섬이나 지방의 공립 고등학교에 다니게 하는 '지역 미래 유학'이라는 것도 있다.

다음으로 외국인의 국내 여행이라 할 수 있는 '인바운드in-

^{bound'}라는 여행 흐름이다. 대도시나 지방의 유명 도시는 애써 피하고, 지방의 농촌 생활을 체험하기를 원하는 외국 관광객이 등장하기 시작한 것이다. 고택을 호텔로 만들어서 여행자들이 오래 머물 수 있도록 하고 있다. 도시보다는 시골, 자연환경 중시, 가까이에서 동식물 만나기 등은 그저 말뿐만이 아니라 도시인들이 정말로 원하는 것이 되었다.

이러한 여행 경향에 IT를 응용하는 시도가 이뤄지고 있다. 텔레이그지스턴스나 햅틱스와 같은 테크놀로지를 이용하여, 도시에 있으면서도 멀리 떨어진 시골을 직접 체험할 수 있게 되었다. 예를 들면, 인터넷을 통해 밭 일부를 공유하여 작물의 성장을 지켜보고 수확 후에는 그것을 구입하는 것이다. 애그리투어리즘 그 자체를 가상 공간에서 제공하고, 이후 관심을 보이는 사람들을 농촌 현장으로 오게 만드는 것도 가능하다.

023

테크아트 수출

R&D를 통해 전 세계에서 떠오르는 산업 아트

세계의
아트 시장

출처: 문화청 2016년

시장 규모

7조 엔

시장 개요

- 지금까지 사기는 해도 팔지 않았다
- 일본의 기술과 예술의 결합
- R&D를 그대로 작품으로 만들기
- 브랜딩 향상

매년 4월 이탈리아 밀라노에서는 '밀라노 살로네'라는 세계적인 디자인 축제가 열린다. 그리고 매년 12월에는 미국 플로리다주에서 '디자인 마이애미'가 개최된다. 모두 디자인과 예술이 결합한 세계적인 축제로, 일본은 최근 몇 년간 이러한 세계적 디자인 축제에 디자이너와 기업들이 참여해왔다. 그 결과, 선禪을 떠오르게 하는 일본의 단순함과 일본 문화 특유의 세계관이 전 세계에 소개되었고, 사람들도 받아들이기 시작했다.

그 선봉을 달리는 것이 팀 라보를 비롯한 일본의 디지털 아티스트이다. 팀 라보는 상하이와 싱가포르, 런던 등 세계 각지에서 자신들이 만들어낸 콘텐츠를 활용한 설치 미술로 많은 사람의 관심을 받았다. 그리고 세계적인 디자인 회사인 넨도 등이 만든 의자와 설치 미술은 밀라노 살로네를 중심으로 선보인 후, 전시한 작품의 상당수가 아트 전문 딜러를 통해 컬렉터나 미술관에 높은 가격으로 팔렸다. 이러한 작품은 단 하나가 아니라 수량을 어느 정도 만들어낼 수 있고, 디지털 기술을 활용한 미디어아트라는 점이 기존과 다르다.

선배 디자이너들의 테크아트[techart] 성공을 보고 현재 많은 젊은 디자이너가 이 시장에 진출하고 있다. 일본 제조업의 R&D[연구개발]의 힘과 협력을 통해 수준 높은 예술 작품으로 탄생하고, 또 잘 팔린다는 사실을 알게 되었기 때문이다. 그리고 ESG를 향한 시도로 기업이 지역에 공헌하려고 할 때, 아트를 활용하려는 요구도 높아지고 있다. 그래서 어느 정도의 양으로 제작이 가능한 테크아트의 제작을 제안하고 판매, 수입한다면, 이후 수출 시장으로도 확대될 수 있다.

공략 포인트는 예술품을 확실히 관리하고, 함부로 양을 늘리지 않는 것이다. 특정 지자체나 특정 부호를 고객으로 만들 수도 있다. 대량으로 팔 것이 아니기 때문에 예술적 감각을 발휘하여 최고의 디자인을 만들어낼 필요가 있다.

024

고유의 정신세계와
삶의 방식 수출

속도의 시대가 놓친 오래된 미래를 찾아서

세계 각국에는 자신들만의 정신세계와 삶의 방식이 있고, 우열을 가릴 수도 없다. 하지만 자국의 정신세계와 삶의 방식을 세계에 알리고, 이것이 하나의 상품으로 소비된다면 새로운 시장으로 성장할 수 있다.

예를 들어, 일본에는 100년 이상 가업을 지켜온 기업이나 가게가 10만 개 가까이 된다. 이러한 곳의 상당수가 단기적인 이익을 좇지 않고 직원을 소중하게 여긴다. 고객의 신뢰를 얻으면

> **시장 개요**
> ● 그 나라만의 독특한 삶의 방식을 상품화
> ● 각국의 팬을 고객으로 만들 수 있다

공략 포인트

☐ 관심 있는 사람을 만족시키기
☐ 자국어 사용자를 늘린다

서도 이익을 내며 지금까지 존속해왔는데, 그 이유는 함께 살아 가는 공존의 정신과 관계의 소중함을 먼저 생각했기 때문이다.

요즘은 모든 것이 빠르게 변하는 속도의 시대다. 하지만 이러한 속도의 뒷면에는 놓치고 잃어버린 가치들이 있다. 누구도 시대의 흐름을 피해갈 수 없지만, 현시대가 놓치고 있는 것을 찾아내어 그것을 상품화한다면 새로운 블루오션이 될 수 있다. 그리고 그것은 각국의 정신세계와 삶의 방식에 들어 있을지도 모른다.

025	Z세대 소비
	디지털 네이티브가 소비를 바꾼다

전 세계 Z세대의 수

약20억 명

출처:「세계의 통계 2019」(총무성 통계국)의 데이터를 바탕으로 닛케이BP종합연구소 추정

시장 개요

- Y세대와 다른 소비 기호
- 선두는 20대 전반
- 일본은 약 1,800만 명
- 디지털 네이티브 세대

☐ 공감은 필수
☐ 유명 브랜드 이외의 부가 가치
☐ 새로운 마케팅 개발

새로운 소비 주역으로 'Z세대'가 주목받고 있다. Z세대의 정의에는 여러 가지 설이 있지만, 1990년 후반에서 2010년 사이에 태어난 젊은 층을 가리킨다. 일본에는 약 1,800만 명, 전 세계에는 20억 명이 있는 것으로 추정된다.

Z세대는 태어날 때부터 인터넷과 SNS 등 디지털 커뮤니티가 당연한 환경에서 자란 디지털 네이티브이며, 이전 세대인 'Y세대밀레니얼 세대'와는 다른 기호를 가지고 있다. Z세대의 맨 앞에 서 있던 사람들이 20세를 넘기면서 이제 순차적으로 사회에 나올 시기가 되었고, 이는 새로운 시장이 만들어질 기회라고도 할 수 있다.

사회적 의식이 높고, 타자에 대한 편견이 적다는 Z세대의 소비 특징으로는 '마이페이스'를 들 수 있다. 2008년 세계 금융 위기의 혼란을 보고 자란 사람이 많은 탓인지 돈을 쓰지 않는 세대라고도 불리지만 그렇지 않다고 보는 사람도 많다.

'소셜네이티브의 현재와 속마음을 아는 미디어'라는 'Z세대

회의'의 조사에 따르면, 많은 Z세대가 '쇼핑은 즐겁다' '내 마음에 들면 유명 브랜드 상품이 아니어도 좋다' '쿠폰이나 포인트 등을 적극적으로 활용하고 싶다'라고 답했다. 브랜드에 대한 고집은 적지만 그렇다고 소비를 싫어하는 것은 아니고, 자신이 가치를 인정한 물건이나 서비스에 대해서는 지출을 아끼지 않는 경향도 있다.

Z세대를 대할 때 중요한 것은 마케팅 방식이다. 어린 시절부터 스마트폰과 가까이 지내며 정보 수집에 능하기 때문에 기업들이 일방적으로 내보내는 광고나 홍보에 회의적이다. 이들은 상품이나 서비스를 선택할 때 자신과 생각이 비슷한 특정 개인이나 인플루언서 등의 영향을 크게 받는다. 그래서 최근 많은 기업이 텔레비전 광고 등 기존의 마케팅 방식을 적용하기 힘든 상황에서 1:1 마케팅이나 인플루언서 마케팅 등 새로운 방법을 시도하고 있다. 하지만 아직도 이 시장에 완벽하게 진입하여 새로운 시장을 개척하지는 못하고 있다. Z세대의 본질을 깊이 이해하고, 그들이 공감할 수 있는 구조를 만드는 것이 시장 개척의 열쇠이다.

DtoC

판매와 서비스를 소비자에게 직접 전달

기업이 상품을 기획, 제조하고 인터넷 판매를 중심으로 판매 채널을 구축하여 소비자에게 직접 상품과 서비스를 전달한다. 이른바 DtoC$^{Direct\ to\ Consumer}$라는 비즈니스 모델이 실리콘밸리의 벤처 기업을 중심으로 급성장하고 있다. DtoC는 판매 채널과 관련된 쓸데없는 판매 관리비를 대폭 줄일 수 있고, 가격 경쟁력을 확보할 수 있다^{Price}. 고객과 직접 연결되면 고객의 요구 지점을 빠르게 흡수할 수 있어서 상품 개발력이 올라간다^{Product}. 그

> **시장 개요**
> - 소비자에게 상품을 직접 전달
> - 물건뿐만 아니라 체험도 전달
> - 대기업은 물론 개인도 진입

□ 고객과 관계를 맺는 방법의 재고
□ '구독' 방식 도입

리고 판매 채널에 의존하지 않아도 되기 때문에 브랜드 관리를 적절히 하면서도 마케팅이 가능해진다.Place&Promotion.

DtoC는 이상의 마케팅 4P 전략에다가 타깃을 더욱 공략할 수 있는 풍부한 경험experience을 더한 5P를 만족시키는 비즈니스 모델이다. 그러므로 기존의 구식 산업을 파괴하는 엄청난 힘을 가지고 있으며, 앞으로 시장 구조를 크게 바꿀 거라고 전망하기도 한다.

DtoC 비즈니스의 상당수는 고객과 장기적인 관계를 쌓고, 그 관계를 바탕으로 하여 구독형subscription 판매 형태를 취하게 될 것이다. 고객과 관계 만들기, 즉 마케팅 방법도 크게 변화할 것이고, DtoC 모델을 선택한 기업뿐만 아니라 이러한 기업을 위해 브랜딩이나 마케팅을 지원하는 기업들이 해야 할 일에도 변화가 올 것이다. 따라서 이러한 변화의 흐름에 대응할 수 있으면 거대한 비즈니스 기회를 얻을 수 있다. 거기다 기업이 아니라 개인이 제품을 기획한 후에 크라우드소싱이나 크라우드펀딩을 통해 개발자, 자금 등을 모아 제품을 제작, 판매하는 것도 가능해진다.

　최근에는 인터넷 벤처 기업뿐만 아니라 다양한 기업이 DtoC 비즈니스에 진입하기 시작했다. 일본의 대형 백화점 체인 마루이는 DtoC 기업에 출자하면서 자사 매장을 이런 기업의 '쇼룸'으로 활용하는 전략을 취하기 시작했다. 프랑스의 로레알 등 화장품 대기업도 DtoC 전용 부서를 만들어 인터넷 판매에 힘을 쏟고 있다.

간호, 간병 지원 로봇의
일본 시장 2035년

시장 규모

1,837억 엔

출처: 「2035년을 대상으로 한 로봇 산업의 장래 시장 예측」
(경제산업성·신에너지산업기술개발 종합기구(NEDO))

일본에서는 2035년이 되면 간병이 필요한 요양 등급인 4~5등급의 수가 221만 명으로 늘어나는데, 간병인은 79만 명 부족할 것으로 보고 있다. 충실한 고령자 간병과 간병인의 정착률을 향

☐ 지킴이 서비스, 이동, 입욕 · 배설 지원 등 다기능형
☐ 간병인의 걱정을 덜어주는 안심 설계
☐ 도입 비용을 최대한 줄일 수 있는 아이디어

상시키려면 로봇이나 IT를 이용할 수밖에 없다. 그래서 고령자의 안전을 체크하고 입욕, 이동, 커뮤니케이션을 도맡아줄 만능 간병 로봇에 기대가 커지고 있다. 간병 로봇 시장은 일본은 물론이고 결국에는 '늙어가는 세계' 전체로 확대될 것이다.

간병 로봇은 고령자를 지켜주거나 커뮤니케이션, 이동, 입욕과 배설 등을 지원하는 다기능형이 될 것이다. 간병 시설의 면적이나 편리성을 생각하면 단순한 기능의 로봇을 다량으로 도입할 수는 없기 때문이다.

완전 간병 로봇이 실용화되려면 아직은 넘어야 할 산이 많다. 하지만 휠체어나 다른 장소로 옮겨주는 이승移乘 지원장착, 비장착, 걷는 것을 도와주는 이동 지원옥외, 옥내, 장착, 배설 지원배설물 처리, 화장실 유도, 동작 지원, 지킴이 · 커뮤니케이션시설, 재택, 생활 지원, 입욕 지원 등의 분야에서 개발이 진행 중이며 일부는 이미 실용화되어 이용하고 있다.

테크놀로지 간병

야간 기저귀를 대체할 머신 팬티

간병을 좀 더 편하게 해주는 것이 시급한 과제이기 때문에 테크놀로지 도입에 대한 모든 가능성을 검토할 필요가 있다. 예를 들어 야간의 기저귀 교환은 간병인에게 큰 짐인데, 이것을 기계로 대체한다면 많은 사람을 도울 수 있을 것이다. 고령자와 간병인 모두의 삶의 질을 생각하면, 일종의 수면 캡슐과 같은 형태가 될 수도 있다. 또한 치매 개선 이론을 따라 친절히 응대해줄 간호사가 등장하는 VR 서비스도 생각해볼 수 있다. 치료 관련 이론을 학습한 AI와 대화하는 시스템이다. 그리고 따로 사는 자녀가 동영상으로 등장하여 함께 즐거운 시간을 보내거나 그리운 집을 VR로 재현해도 좋을 것이다.

029	웰다잉 종합 서비스 (장례, 묘)
	새로운 형태의 고가 서비스

일본의
장례 비즈니스
시장 규모

시장 규모

4 조 엔

출처: 『50대부터 돈 버는 힘』(오마에 겐이치, 소학관, 2019)

시장 개요
- 앞으로 30년간 장례 건수 증가 예상
- 한계점에 도달한 장례 비용
- 고가의 새로운 서비스로 성장 가능

앞으로 10년 부(富)를 끌어당기는 100가지 블루오션

앞으로 초고령화 사회가 되면서 30년간 장례 건수는 증가하지만, 1인 가구의 증가 등으로 장례에 필요한 비용은 한계점에 도달할 것이다. 현재 IT와 웰다잉을 세트로 묶은 종합 서비스가 등장하고 있지만 실제로 이용자는 많지 않다.

앞으로는 우주장, 식목장, 해양장과 같은 새로운 형태의 고가 서비스가 성장할 가능성이 있다. 또한 2030년 이후에는 화장터에서 순서를 기다려야 하는 '화장 정체'가 발생할 것이다. 그래서 이를 대비하여 화장하기 전까지 시체를 일시적으로 맡아주는 '시체 호텔' 등의 시체 안치 비즈니스가 성장할 것으로 보고 있다.

새로운 서비스를 만들어내려면 이용자에게 이 서비스에 가입하면 얼마나 편리하고 수고가 줄어드는지를 강조해야 한다. 그리고 100세 시대를 맞은 지금, 사람이라면 누구나 마지막에는 건강하지 못한 상태가 된다. 그러므로 그전에 미리 이용자를 확보하는 것도 필요하다. 이용자들에게 관련 내용을 설명하고 계약을 해둘 필요가 있다.

　장례 종합 정보 사이트를 운영하고 있는 가마쿠라신서처럼 이미 IT를 활용하여 새로운 비즈니스를 만들어낸 기업도 있다.

웰다잉 종합 서비스
(자산, 자금)

사람들의 요구에 어떻게 응할 것인가

웰다잉을 지원하는 종합 서비스로서 장례·묘와 함께 필요한 것은 자산과 자금의 관리다. 혼자 생활하는 고령자의 일상을 지켜주고 안심한 상태에서 웰다잉을 진행하려면 반드시 필요한 사항이다.

이렇게 명확한 고객의 요구에 맞춘 예로 주택 연금이 있다. 주택 연금은 소유하고 있는 집을 담보로 매달 돈을 받는 구조로, 금융 기관은 고객이 사망한 이후에 집을 팔아서 그동안 연금으

> 시장 개요
> - 웰다잉과 관련된 자산, 자금의 관리 지원
> - 다수가 주택 연금 가입

로 나간 돈을 가져간다. 고객은 마지막까지 편하게 자기 집에서 살 수 있다. 주택 연금의 변형된 방식으로 1인 가구에게 다소 큰 집을 빌려주고 월세로 융자를 갚게 하는 형태도 있다.

하지만 이미 많은 금융 기관이 진입하여 과당경쟁의 레드오션이 되었다. 그래서 사기당하지 않도록 지켜주기, 죽기 전에 이루고 싶은 꿈을 이뤄줄 자금 제공하기, 사회에 도움이 되도록 기부하기 등 돈과 관련된 고객들의 요구 지점을 좀 더 세세하게 파고들어 검토하는 것이 필요하다.

2장 필자

아사쿠라 히로시
이시카와 후미키
이와이 히로아키
에다 겐지
오이카와 도모히토
오타키 다카유키
오쓰카 요
오기하라 히로유키
오타니 타쿠야
가미노 마사시
기쿠치 다카히로
기쿠치 다마오

기무라 도모후미
구와바라 유타카
시나다 히데오
진보 시게노리
세가와 고지
다카시타 요시히로
다카하시 히로키
도쿠노 겐이치
후지이 쇼고
후지노 마사유키
마루오 히로시
야지마 노부유키

3장

AI가 지배하는 세상;

개인 정보야말로 자산

031 인간의 고도화

마지막 개척지는 인간

사회의 존재 방식을 바꾸고, 일의 방식과 생활을 바꾸어온 테크놀로지의 마지막 개척지는 인간 그 자체이다. 앞장에서 소개한 것처럼 건강과 의료 영역에서는 최신 테크놀로지를 차례차례 적용하고 있다. 나아가 사람의 정보를 활용하고, 사람의 능력을 테크놀로지로 좀 더 끌어올리는 방안들이 새로운 시장을 만들어낼 것으로 기대하고 있다.

한 사람 한 사람이 만들어내고 받아들이는 정보량은 대단히

> 시장 개요
> - 인간에 대한 정보 활용
> - 뇌를 단련하는 '초인화'

많다. 의료 데이터 외에도 매일 업무나 생활에서 다양한 데이터를 만들고 이용한다. 이것들을 기록, 분석하면 생활이나 일에서 편리성을 좀 더 높일 수 있다. 제공이 가능한 정보는 외부에 판매도 할 수 있다.

현재 이런 개인 정보 중 상당한 양을 인터넷 포털이나 SNS 서비스 사업자가 모으고 있다. 앞으로는 이것을 개인이 각자 소유할 수 있게 하고, 개인의 판단에 따라 정보를 대여하거나 판매한다고 생각해보자. 다만, 이 관리를 개인이 하기에는 번잡하므로 관리 대행 서비스가 등장할 것이다. 개인 정보를 활용한 컨설팅을 포함하여 새로운 시장을 기대해볼 만하다.

한편, 사람의 능력을 강화하는 것과 관련해서 우선 타깃이 되는 것은 뇌이다. 최근 뇌 과학을 활용한 뇌 기능 향상이나 뇌 기능 저하를 방지하는 트레이닝 서비스가 등장하고 있다. '어디까지 허용할 것인가'는 아직 논의의 여지가 남아 있지만, 뇌에 외부 자극을 주어 학습 능력을 높이고 의욕을 만들어내는 테크놀로지는 이미 등장한 상태다. 여기서 더 나아가 다양한 보조 기기를 통해 인체 자체를 강화하는 연구도 진행 중이다.

어느 쪽이나 '사람의 능력을 더 이끌어내기 위해' '본래의 힘을 더욱 발휘하기 위해'라는 의도로 개발하고 있다. 하지만 테크놀로지와 인간이 결합하여 일체감이 증가할수록 앞서 말한 '어디까지 허용할 것인가'라는 연구 윤리 규정도 함께 검토되어야 할 것이다.

2030년 글로벌

10조 엔

닛케이BP종합연구소 추정

시장 개요

- 인간의 클론처럼 행동하는 AI
- 클론이 인간 대신 판단
- 개인 대상 서비스

현실의 기기나 도시를 컴퓨터를 이용해 가상 기기나 가상 도시로 똑같이 만드는 것을 '디지털 트윈'이라 부르는데, 이것을 인간 버전으로 바꾼 것이 클론 에이전트이다. 개인의 경험이나 행동, 감정 변화를 데이터로 파악하고 이것을 컴퓨터의 클론에 입력한다. 그러면 학습 기능을 가진 AI인 클론은 학습을 통해 사람의 행동이나 욕구, 감정 등을 입력한 정보의 주인과 똑같이 추측하게 된다. 그다음으로 이 클론 AI는 다양한 정보, 사회 상황, 자산이나 주택, 가족 상황 등을 수시로 모니터링한다. 본인의 몸에 붙여놓은 센서를 통해 행동 데이터를 찾거나 인터넷에 공개된 정보를 모은다.

클론은 본인 이상의 정확성과 넓은 시야로 정보를 파악하고, 그것을 바탕으로 본인에게 최적화된 조언과 추천, 경고를 해준다. 예를 들면, 자신이 꼭 원하는 상품을 자신도 모르는 사이트에서 발견하여 추천해준다. 자신이라면 반드시 대책을 세울 만한 위험을 본인 이상으로 감지하여 경고해주고, 본인이 선호할 만한 대책이나 대책을 의뢰할 곳 등을 조언해준다. 상황에 따라서는 구매나 수속, 연락 등을 대행할 수도 있다. 이 정도까지 되면 에이전트라고 부를 만하다.

거기다 각종 서비스 이용, 학습, 커뮤니케이션 촉진, 건강 관리, 안전 확보, 가족의 상황 파악과 같이 생활이나 업무의 다양한 영역에서 지원을 받을 수 있도록, 관련 정보를 수시로 수집하고 행동 예측에 따른 솔루션을 선별하여 전달한다.

이러한 서비스의 제공자로서 가장 유리한 위치에 있는 것은 구글, 페이스북, 아마존 같은 거대 인터넷 서비스 기업이다. 하지만 정보를 더는 이런 곳에 맡기고 싶어 하지 않는 이용자들도 있기 때문에 앞으로 신흥 기업이 성장할 가능성도 있다.

실시간 매칭

이상적인 만남을 상시 탐색하고 알려주기

2030년
2,500
억 엔

닛케이BP종합연구소 추정

시장 개요

- 지금보다 훨씬 중요해진 P2P
- 이제 만남은 AI에게
- 연애, 일, 취미 모두 가능
- 실시간 가치 증대
- 저가 이용

□ 정보은행 활용
□ 최적의 고속 매칭 AI
□ 철저한 안전 관리

"당신의 반려자가 될지도 모르는 사람이 지금 이쪽을 향해 걸어오고 있습니다!" 이어폰으로 듣고 있던 음악이 갑자기 멈추더니, AI가 말을 걸어온다. AI가 말한 방향으로 고개를 돌리자, 그 사람도 이쪽을 보고 있다. 평상시 AI는 "저 사람 괜찮아 보이네요"라고 그저 속삭이는 정도였다. 하지만 이번에는 다르다. 드디어 최고의 상대를 찾아준 것이다.

이렇게 개인 간의 만남이 실시간 매칭을 통해 이루어지는 게 당연해질 것이다. 물론 비즈니스에서도 잠재적 우량고객이나 좀 더 유리한 거래처와 만날 수 있게 실시간 매칭으로 도움을 줄 것이다.

가까운 미래에 많은 일을 기계가 대신하게 되면, 사람과 긴밀히 접하는 일이 더 늘어날 것이다. 사람이 담당할 비즈니스로서 앞으로 가치가 높아지는 것은 접대나 컨설팅, 공동 창업 등 한 사람 한 사람이 맺는 높은 관계성이다. 따라서 사람과 사람의 매칭을 지원하는 것은 중요한 서비스가 될 수밖에 없다. 높은 성공률을 보장해주는 정확성과 즉각적인 대처 능력을 갖춘 서비스가 사람들의 관심을 끌 것이다. 가까운 미래에는 실시간의 가치가 지금보다 훨씬 더 중요해지기 때문이다.

현재 개인의 행동이나 물건의 기호부터 활동 시간, 휴일, 행동 범위의 패턴, 연봉 등 모든 정보를 수시로 수집하고 있다. AI를 사용하면 이 개인 데이터를 수시로, 종합적으로 해석할 수 있게 되며 그 결과 실시간으로 현실에서 만남을 선택할 수 있게 된다.

매칭의 범위는 개개인의 다양한 요구 조건에 맞춰서 이성 또는 동성 간 만남은 물론이고 비즈니스에서 잠재 고객이나 거래처까지 연결해줄 수 있다. 그리고 이러한 일반적인 만남만이 아니라 취미나 놀이를 함께할 사람이나 고민을 털어놓을 사람, 물건 운반을 맡길 곳 등으로 다채로워질 것이다.

이 시장에 진입할 기업은 다양하다. 정보처리 업체, 통신사, 전자 기기 회사, 결혼상담소, 인력사무소 등을 예로 들 수 있다. 시장을 잡으려면 높은 매칭 성공률, 실시간 능력 그리고 만에 하나라도 큰 실수를 해서는 안 되기 때문에 안전과 보안이 핵심 열쇠이다.

2030년 글로벌

시장 규모

10조 엔

닛케이BP종합연구소 추정

시장 개요
- 개인의 신용 정보를 바탕으로 등급 평가
- 결제 이외의 구매 및 문제 이력도 평가

☐ 마케팅에도 응용
☐ 정보 이용료를 개인에게 환급

국가나 기업의 신용 평가와 마찬가지로 개인의 신용 정보나 활동 실적, 자산, 구매력 등을 바탕으로 개인의 신용을 평가하는 서비스이다. 쉽게 생각해볼 수 있는 것은 결제 상황, 구매 활동 등 개인의 경제 활동과 관련된 순위일 것이다.

과거의 결제 현황과 자산 상황, 취업 상태 등을 통해 신용카드 발급 여부를 판단하는 등 개인의 신용 정보는 이미 일부에서 사용하고 있다. 이러한 결제 관련 데이터뿐만 아니라 구매 이력을 통해 구매력을 추정하고 연체 등의 문제 이력은 없는지, 반사회성을 보이는 행동 등은 없는지 정보를 모을 수 있다. 이렇게 인터넷의 행동 이력과 결제 기관, 유통, 인터넷 경매의 평가 등을 통해 모은 정보를 개인과 연결하여 신용 평가 데이터로 이용하는 것이다. 이 신용평가에 따라 상품의 선불 구입이나 대출 설정 여부, 신용카드의 이용 한도 등을 결정하게 된다. 나아가 그 사람의 범죄 이력, SNS 등에 남긴 댓글, 친구 관계, 구매 이후 보인 컴플레인 이력 등으로 문제 발생 확률 등을 신용 평가 항목에 포함하여 집계할 수도 있다.

정확한 신용 평가를 받고 경제 활동 등을 원활히 하려면 오히려 개인이 적극적으로 자신의 정보를 신용 평가 회사에 제공하고, 반대로 회사는 정보 이용료를 개인에게 돌려주는 서비스가 등장할 수도 있다. 이러한 정보는 결제나 여신 계약에만 머물지 않고 마케팅 등으로 이용 범위가 넓어질 것이다. 따라서 이러한 데이터를 이용하는 서비스 관련 시장은 계속 커질 것으로 보인다.

경제 성장

시장 규모

132조 엔

(2030년, 실질 GDP 상승 효과)

출처: 『50대부터 돈 버는 힘』(오마에 겐이치, 소학관, 2019)

시장 개요

- 개인 정보 활용(GAFA 대항)
- 정보은행 인증 제도
- PDS(Personal Data Store)
- 데이터 거래 시장
- AI

정보은행이란 개인의 성향이나 행동, 구매 기록 등 개인 정보를 개인으로부터 위탁받아 관리하고, 정보가 필요한 기업이나 지자체 등에 제공하는 시스템이다. 개인 정보 활용의 허브라고 바꿔 말해도 좋다. 다양한 기업과 단체가 이 정보은행의 업무를 담당할 수 있다. 정보은행이 되는 기업과 단체는 개인의 희망에 따라 정보를 제공할 기업을 적절히 선정하는 역할을 한다. 정보를 제공받은 기업은 정보 활용으로 얻은 이익을 개인에게 환원한다.

지금까지 글로벌 인터넷 기업 등이 독점해온 개인 정보는 정보은행을 통해 개인이 통제할 수 있게 되며, 동시에 개인 정보는 다양한 기업과 지자체 등에서 이용할 수 있게 될 것이다. 또한 개인 정보를 관리하는 기능으로서 PDS^Personal Data Store가 필요하게 될 것이다. PDS는 개인과 관련된 정보를 관리하고, 개인의 뜻에 따라 기업에 개인 정보를 제공하거나 판매할 때 사용한다.

일본에서는 민간 정보은행 인증 제도가 2019년에 시작되었

고, 미쓰이스미토모 신탁은행과 펠리카 포켓 마케팅이 인증을
받았다. 인증 사업은 일본IT단체연맹이 실시하고 있다. 단, 인증
을 받지 않아도 정보은행 사업은 가능하다.

이 사업의 수입은 주로 모아놓은 개인 정보를 기업에 제공하
는 대가로 얻는다. 시장 규모는 개인 정보의 양과 가치에 따라
달라진다. 시장 규모를 산정하기는 쉽지 않지만 개인 정보 활
용에 따라 데이터를 처리하는 회사가 생겨난다면, 2030년에는
132조 엔의 실질 GDP 상승 효과가 있을 것으로 추산하고 있다.

이 시장을 공략하려면 당연히 개인 정보를 모을 수 있어야 한
다. 따라서 기업의 신뢰도와 개인에게 돌아갈 이익이 중요하다.
그리고 수집한 개인 정보를 활용하려면 데이터를 활용할 수 있
는 뛰어난 인재가 필요하다.

036

노동자의 시장 가치 산출

커리어 형성 컨설팅도 활발하게

2030년 노동력 인구 전망
(성장 현실 · 노동 참가 진행 시나리오)

시장 규모

6,392
만 명

출처: 「독립행정법인 노동정책연구 · 연수기구 '노동력 수급의 추계-노동력 수급 모델(2018년판)에 의한 장래추계'」(2019년 3월)

시장 개요

● 개인의 기술력, 실적, 신용도 평가
● 자신의 시장 가치 올리기
● 활발한 커리어 형성 컨설팅

앞으로 10년 부(富)를 끌어당기는 100가지 블루오션

회사원이나 프리랜서 등 일하는 방식에 상관없이 개인의 기술이나 실적, 평판 등을 일정한 기준으로 평가하는 서비스가 생겨날 것이다. 이 서비스로 개인의 시장 가치를 높이는 커리어 형성 컨설팅 시장이 확대될 것이다.

그 이유를 좀 더 설명하면 이렇다. 2030년에는 기업의 종신 고용이 무너지고 정년이라는 개념도 사라진다. 프로젝트 단위로 일하게 되며, 부업이나 얼럼나이alumni: 자사 퇴직자의 활용 등 다양한 조건의 구성원이 함께 일하게 될 것이다. 그 때문에 노동자 한 사람 한 사람의 시장 가치를 객관적으로 표현하고, 노동자와 기업 양쪽에 시장 가치를 명시하려는 요구가 높아질 것이다. 후생노동성이 직업 능력 평가 기준을 정비하기는 했지만, 그 대상 업종과 직종이 아직은 한정적이다. 기업 쪽을 보면 이미 라쿠텐, 메루카리일본의 프리마켓 앱, 야후와 같은 인터넷 서비스 기업이 피플 애널리틱스people analytics: 인재 분석 기술나 AI를 이용하여 개인의 능력을 시각화하고 정량화하여 채용과 부서 배치, 평가에 도움을 주고 있다.

우선은 인재 서비스 기업이 시장 가치 산출 서비스 사업에 참여할 것이다. 다만 시장 가치 산출에는 공정하고 높은 투명성이 필요하기 때문에, 국가의 인가를 받아야 할 수도 있다. 그리고 노동자 한 사람 한 사람의 시장 가치를 높이기 위한 커리어 컨설팅 사업이 활발해질 것이다. 일본에는 2019년 현재 4만 4,000명의 커리어 컨설턴트^{국가 자격}가 있는데, 앞으로는 노동자의 시장 가치를 산출하여 좀 더 정밀한 컨설팅이 가능해질 것이다. 특히 출산이나 육아로 경력이 단절되었던 여성이나 지금까지 커리어 플랜이라는 개념 없이 살아온 시니어층의 관심이 클 것이다. 그리고 커리어 기간이 늘어날수록 컨설팅을 받을 기회도 늘어나게 된다.

커리어를 만들어가는 데는 직업 기술이나 경험, 이력과 같이 눈에 보이는 것뿐만 아니라 개인의 업무관, 가치관도 중요하다. 특히 일본에서는 후자에 대한 깨달음과 의식 혁명이 필요하다. 커리어에 대해 일상적으로 조언해주는 AI를 챗봇에 탑재하는 등 더욱더 새로운 서비스가 태어날지도 모른다.

037

블록체인 유언 신탁

인생의 총결산을 저비용으로 확실하게

2030년 상속 재산

시장 규모

50조 엔
(GDP 10%)

일본 피델리티 퇴직 · 투자연구소의 2016년 조사(46조 엔)를
바탕으로 닛케이BP종합연구소 추정

시장 개요

- 손쉬운 유언 작성 및 조언, 관리, 집행
- 수속의 자동화
- 상속인의 시간과 수고 덜기
- 변호사 · 세무사 · 법무사 대행
- 전 국민의 자산 이전

전문가의 조언을 받으며 유언장을 블록체인으로 등록해둔다. 본인 확인은 물론이고, 유언장을 수정하지 않았다는 사실을 블록체인이 보증해준다. 모든 조작은 스마트폰 하나로 해결된다. 관공서에 사망이 통지되면 스마트 계약^{계약을 자동 실행하는 기능}이 유언에 따라 유산 분할^{금융 기관 계좌의 자산 이동, 계좌 폐쇄}, 부동산 등의 자산 명의 변경, 상속세 납부, 관공서나 연금 관련 절차까지 모든 것을 자동으로 집행한다.

한편, 상속인도 상속 승인이나 포기를 스마트폰으로 처리할 수 있다. 현재는 유산 분할 협의서에 직인 날인, 인감과 본인 확인 서류 첨부 등 아날로그적 절차가 필요하다. 이 서비스를 이용하면 상속인은 처리 비용뿐만 아니라 처리에 따른 수고와 시간도 아낄 수 있다. 예를 들어 신탁은행의 경우, 200만 엔에 가까운 유언 신탁 비용이 발생하기 때문에 현재 일부 부유층만 유언 신탁을 이용하고 있었다. 공증사무소의 자필 증서 유언은 저렴하지만, 일본에는 보급되어 있지 않고 상속 건수의 10%에도 미치지 않는다. 또한 상속인은 세무사, 법무사에게 100만 엔에 가까운 금액을 지급해야 한다.

하지만 블록체인 유언 신탁은 유언 작성과 수정이 간편하고, 치매에 걸리기 전에 유언을 남길 수 있다는 장점도 있다. 또한 유언장을 찾지 못하여 고인의 유언이 효력을 발휘하지 못하는 일도 막을 수 있다. 이미 미국의 생명 보험 회사 메트라이프는 이더리움ethereum이라는 블록체인으로 보험금 청구를 간단히 하는 계획을 발표했다.

사람들의 요구가 존재하고 시장도 크지만, 유언보관법에 디지털 유언도 효력이 있다는 사실이 명시되어야 한다. 법무국을 비롯한 관련 관공서, 금융 기관, 의료 기관이 새로운 서비스에 즉시 대응할 수 있도록 업무가 정리되고, 정보 시스템도 정비되어야 한다.

2030년 일본 시장

시장 규모

8,000
억 엔

닛케이BP종합연구소 추정

시장 개요

- 뇌 기능의 저하 방지
- 뇌 기능 향상을 돕는 서비스
- 다양한 접근법

고령화에 따른 뇌 기능의 저하 방지 또는 기능 향상을 목표로 하는 '뇌 피트니스'가 주목받고 있다. 뇌 과학 분야의 첨단 연구를 통해 '뇌의 기능은 나이에 상관없이 회복할 수 있다'는 사실이 명확해졌다. 뇌 피트니스는 이러한 뇌 과학의 연구 성과를 바탕으로 하여 체계적인 트레이닝으로 구성되어 있다.

그중에 눈에 띄는 것은 컴퓨터 게임 형식의 트레이닝, 또는 뇌파 측정기를 사용한 명상 트레이닝이다. 다만, 육체 운동이나 명상, 뇌 기능 향상에 좋은 영양 섭취, 자연 체험 등도 뇌 기능을 회복하고 활성화하는 데 도움을 준다는 연구가 있으므로 앞으로 접근법은 매우 다양할 수 있다.

이 시장을 구성하는 상품, 서비스 품목에는 뇌 피트니스 정보의 유통^{서적이나 웹 콘텐츠}, 헬스장 운영, 기기^{뇌파 측정기 등}의 개발과 판매 사업, 식품과 식사 개선 지원 서비스, 각종 세미나, 헬스장 외의 장소에서 하는 참여형 워크숍^{삼림 등 자연 체험에 뇌 피트니스를 결합한 것 등}, 연구 개발 최종 단계의 BtoB 거래^{헬스장에 기기 판매 등} 등으로 그 폭이 넓다.

　최근 고령화로 의료비 증가가 우려되고 있으며, 특히 아직 치료법이 나오지 않은 치매에 대한 부담이 커지고 있다. 그런데 비록 연구 단계이지만 뇌 피트니스와 비슷한 치료를 통해 치매가 개선된 예가 보고되고 있다. 따라서 뇌 피트니스는 앞으로 국가 전략으로 주목받을 것이다.

　시장 전략의 핵심은 '뇌 기능의 회복'이라는 눈에 보이지 않는 영역을 어떻게 다룰 것이냐이다. 이는 기존의 스포츠 피트니스 이상으로 어려운 일이다. 개선 효과를 수식 등으로 알기 쉽게 표현하고, 트레이닝 자체를 즐길 수 있게 하여 흥미를 유지하게 해야 한다. '관심 있는 사람들의 커뮤니티 형성을 촉진한다' '자연 체험이나 식사 등 다른 측면을 전면에 내세워 동기를 자극한다'와 같은 접근법도 생각해볼 수 있다.

2025년 일본

시장 규모

5

조 엔

**닛케이BP종합연구소 추정,
촉각 기술을 탑재한 기기의 일본 연간 매출 합계**

시장 개요
- 촉각을 인공적으로 재현
- 일부는 상품화, 연구 개발 진행
- 재해 복구와 원격 의료에 이용

'햅틱스haptics'란 촉각 정보를 인공적으로 재현하는 테크놀로지 또는 시스템을 가리킨다. 응용 범위는 엔터테인먼트, 작업용 로봇의 원격 조작, 촉각 데이터를 사용한 교육 훈련 등으로 다양하다. 각 분야에서 연구 개발과 실용화가 진행되고 있으며, 가까운 예로는 화면의 아이콘을 누르면 입체 버튼을 누른 것과 같은 촉감이 느껴지는 스마트폰이 있다.

전형적인 방식으로는 손이나 손가락에 장착한 디바이스를 통해 이용자에게 촉각 정보를 전달하는 것이다. 디바이스에 탑재한 모터나 특수 소재를 사용하여 이용자에게 진동 등의 촉각을 전하고 컴퓨터에서 정보, 예를 들면 화면에 표시된 물체의 감촉을 확인할 수 있게 한다. 초음파를 이용해 아무것도 없는 공간에서 압력을 느낄 수 있게 하는 방법도 있다.

최근 주목받는 방법 중 하나는 게이오대학교의 오니시 코헤이 교수가 개발한 '리얼햅틱스'이다. 인간이 누르거나 잡거나 스치면 강도나 탄력, 움직임을 느끼고, 디바이스는 그때 얻은 힘의 촉각 정보를 통해 촉감을 재현한다. 디바이스가 물체를 다룰 때는 위치 제어와 물체를 잡는 힘 제어가 모두 필요한데 리얼햅틱스는 이것이 가능하다.

대표적인 예로 멀리 떨어진 곳에서 로봇을 조종하는 것을 들 수 있다. 인간이 로봇을 원격 조종할 때, 로봇의 핸드가 물체에 닿는 감촉을 바로 앞의 컨트롤러로 생생하게 확인하면서 조작할 수 있다. 정밀한 피드백이 필요한 분야, 예컨대 원격 수술이나 간병 등의 분야에서 중요한 역할을 할 것으로 기대하고 있다. 또한 뛰어난 장인이 가진 고도의 기술을 로봇에게 전수하는 것도 생각해볼 수 있다.

햅틱스 시장의 확대 속도는 고가의 디바이스 가격이 얼마만큼 내려가느냐에 달려 있다. 의료와 간병 분야에서는 좀 더 정밀하게 촉각을 재현해야 하므로 아직은 지속적인 연구가 필요하다.

잠재
수요

시장 규모

7 만 명

닛케이BP종합연구소 추정

시장 개요

- 어시스트 슈트
- 인공 근육
- 걷기 지원
- 트레킹 지원

어시스트 슈트^{assist suit}를 사용한 스포츠를 말한다. 원래 어시스트 슈트^{파워드 슈트라고도 한다}는 무거운 것을 들어올리거나 운반할 때, 작업자의 부담을 덜어주는 것이었다. 그런데 이와 비슷한 테크놀로지를 사용하여 몸이 자유롭지 못한 사람도 하이킹, 마라톤, 사이클링, 등산, 보트, 골프, 댄스, 수영, 볼링 등을 즐길 수 있게 도와줄 수 있다.

슈트 판매나 대여에 더해 걷기와 트레킹에 함께 참여하고 이를 지원하는 서비스도 생각해볼 수 있다. 그런데 이 슈트를 입고 넘어졌을 때의 안정성은 좀 더 고려해야 할 것이다. 보건 의료나 재활 의료도 연계할 수 있으며, 어시스트 스포츠 자체의 즐거움을 널리 알리는 것도 필요하다. 예를 들면 아웃도어 커뮤니티나 부모와 자녀가 함께 즐기는 운동회 등을 기획할 수도 있다.

걷기, 트래킹, 등산 등의 분야에서 어시스트 스포츠 제품에 가장 가까운 것은 '임업용 어시스트 슈트'다. 일본은 2016년에 농림수산성의 연구 프로젝트로 채택했고, 2025년 실용화를 앞두고 있다. 임업용 어시스트 슈트는 스미토모 임업, 파나소닉 그룹의 어시스트 슈트 제조 판매 회사인 ATOUN, 국립연구개발법인인 삼림연구·정비기구, 나라첨단과학기술대학원대학교가 공동으로 개발 중이다.

이 슈트는 다리 뒤에 장착한 압력 센서, 인체 관절의 각도 센서 등을 통해 이용자의 자세와 기울기를 읽어내고, 동작 타이밍에 맞춰 네 개의 모터가 움직인다. 이를 통해 경사면을 좀 더 편하게 올라갈 수 있도록 도와준다. 테스트 결과, 관절의 부담이 17% 줄어들었다. 이 슈트는 배터리로 작동하며 3시간 동안 사용할 수 있다. 또한 언덕을 올라갈 때와 내려갈 때의 어시스트 방법이 다르다. 언덕을 올라갈 때는 다리 들어올리기와 발을 딛는 동작을 돕고, 내려올 때는 무릎이 움직일 때 브레이크를 걸어서 무릎으로 쏠리는 부담을 줄여준다. 짐의 무게를 어시스트 슈트 쪽으로 쏠리게 하여 어깨나 다리로 가는 부담이 더욱 줄어들게 되는 것이다.

041 텔레이그지스턴스

다른 서비스와 조합

텔레이그지스턴스는 원격이라는 의미의 '텔레tele'와 존재라는 의미의 '이그지스턴스existence'를 조합한 조어이다. 멀리 떨어진 곳에 있는 로봇이나 로봇에 탑재된 촉각 기기를 통해 마치 그 장소에 있는 것처럼 느끼고 행동하는 것을 가리킨다.

예를 들면, 지구 반대편에 있는 공장을 보면서 기기를 원격 조종할 수 있다. 멀리 떨어진 관광지나 미술관을 로봇에게 걷게 하고, 자신은 집에서 로봇이 전해주는 풍경이나 전시물, 소리 등을 체험한다. 이러한 원격 여행을 이미 실험한 여행사와 통신사도 있다.

로봇과 센서, VR, 5G와 같은 테크놀로지의 조합을 통해 텔레이그지스턴스가 실현 가능해지고 있다. 앞에서 말한 햅틱스도 중요한 요소로, 햅틱스를 사용하면 먼 거리에 있는 물건을 마치 직접 만지는 것처럼 다룰 수 있다.

다양한 응용법을 생각해볼 수 있는데, 비즈니스로 연결하려면 이용자와 이용자의 요구 지점, 실용화에 따르는 비용과 부담 같은 모든 요소를 고려해야 한다. 여행을 좋아하지만 그럴 시간이 좀처럼 생기지 않는 사람, 또는 나이 때문에 장기 여행이 어려운 사람, 돈은 있지만 여행이 쉽지 않은 사람들이 좋아할 만한 서비스가 무엇일지 생각해봐야 한다. 텔레이그지스턴스 서비스만 단독으로 하기 힘들 것 같다면 다른 서비스와 결합하는 방법도 좋다.

3장 필자

가코가와 군지
세가와 고지
다카시타 요시히로
다나카 쥰이치로
나카모리 도모히로
하라다 가오리
모리가와 신이치
야지마 노부유키

4장

일하는 방식을 바꾸는 기술;
무형 자산에 투자하다

042

일하는 사람, 장소, 방식의 개혁

관점을 바꿔 새로운 사업의 원천으로

어느 기업의 대표가 "일하는 방식의 개혁이라는 말을 들으면 기분이 나빠진다"고 투덜거리는 것을 들은 적이 있다. 위에서 지시가 떨어졌으니 따르지 않을 수 없어서 그저 형식적으로 잔업 규제를 강요하고 있다는 것이다. 현장에서는 불만의 목소리가 들려오지만, 사장이나 인사부의 지시에 거스를 수도 없어 괴롭다는 것이다.

시간 단축, 잔업 규제라는 목표를 먼저 정하고 나서 그것을 달

시장 개요
- 진정한 '일하는 방식의 개혁'은 새로운 사업
- 은퇴 후에도 시장은 계속된다
- IT 이용은 필수

성하려고 하니, 결과적으로 일하는 방식의 개혁이라는 의미가 퇴색하는 것이다. 기존 방식보다 성과물의 가치가 높아질 수 있도록 일하는 방식을 바꾸고 나서, 그 결과로서 시간이 단축되어야 한다. 하지만 이런 이야기는 그저 이상론에 그치고 있다.

일하는 방식의 개혁은 본래 사람이라는 무형 자산에 대한 투자이고, 이노베이션과 신사업으로 이어질 수 있다. 일하는 방식을 바꾸기 위해 사람이나 도구 등에 투자하게 되므로 교육이나 도구 시장이 확대될 수 있다. 그리고 일하는 방식을 개혁하는 데 성공한 기업은 그 경험을 다른 기업에 제공하고, 그것을 신규 사업으로 만들 수도 있다.

일하는 방식을 바꿔줄 도구는 거의 IT이고, IT를 통해 정보를 지원해줄 수 있다. 예컨대 무언가를 조사하거나 그 결과를 정리하고 회의를 하는 데 상당한 시간이 걸린다. 하지만 IT를 사용하여 간단히 처리할 수 있다면 귀중한 시간을 절약할 수 있다.

노동자에 대한 투자를 생각할 때는 회사 내의 직원뿐 아니라 회사 밖에 있는 유능한 프리랜서도 시야에 넣어둘 필요가 있다.

앞으로는 회사 안과 밖의 프로가 뒤섞이는 프로젝트 작업이 늘어나고, 해당 프로젝트에 알맞은 능력을 갖춘 사람을 찾는 데 IT를 이용할 수 있다. 그리고 사람에 대한 투자는 장기적으로 해야 한다. 직원이 회사를 그만두고 독립했다고 하더라도 자사의 일을 계속해줄 수 있다면, 경우에 따라서는 그 사람에게도 투자를 지속해야 한다. 물론 직원 자신이 중장기적인 커리어 플랜을 스스로 세우고, 필요한 투자를 소속 기관에 요청하거나 내용에 따라서는 스스로 투자할 수도 있어야 한다.

이렇게 시야를 회사 밖으로 넓히고 장기적으로 바라보면 일하는 방식을 근본적으로 개혁해갈 수 있다.

043

정보 컨시어지

리더에게 필요한 정보 제공

시장 규모

약 **25** 조 엔

기업이 '조사 업무'에 지불하는 연간 임금

출처: 오케이웨이브종합연구소

시장 개요

- 중요한 의사 결정에 필요한 정보를 즉각 전달
- 정보를 모으고 분석하는 전문가
- 전문가를 IT로 지원

□ 정보통신기술 · AI(퍼스널라이즈)
□ 정보 전달의 새로운 수단
□ 사람(전문가 · 생각 · 감정)

"월요일 아침이 무섭다"고 말하는 직장인이 있다. 주말 또는 월요일 아침, 사업에 영향을 미칠 것 같은 사건이 일어나면 월요일 아침 일찍부터 "그 일 어떻게 되고 있어?"라고 상사가 캐묻기 때문이다.

정보는 인터넷으로 검색하면 되지만, 오히려 정보가 너무 많아도 제대로 된 답을 찾는 데 의외로 상당한 시간이 걸린다. 직장인이 조사에 들이는 시간을 인건비로 환산하면 금액이 막대하다. 바꿔 말하면, 이 문제를 해결할 수만 있다면 기업은 충분히 그 대가를 지급할 것이다.

한 가지 해결책으로 '정보 컨시어지'가 있다. 기업의 리더가 중대한 의사 결정을 내릴 때, 필요한 정보를 즉각 전달해줄 사람과 그 서비스를 가리킨다. 지금까지는 부하나 회사 밖의 전문가에게 의뢰했지만, 정보량이 방대해지면 자신이 일하는 산업 분야와 다른 산업 분야가 서로 얽히게 된다. 그러면 컨시어지 역할을 지원해줄 새로운 비즈니스, 컨시어지 기능 그 자체를 제공하는 새로운 사업이 등장하게 될 것이다.

정보 컨시어지에게 필요한 조건은 두 가지다. 우선, '빠르고, 빠짐없이'다. IT의 추천 엔진, 자동 번역 기능을 사용하면 웬만한 대처는 할 수 있다. 두 번째는 '정확하고 손쉽게'다. 집계한 정보의 가치를 판단하고, 알기 쉽게 해설하고 요약해야 한다. 그리고 두 번째 조건은 인간이 아니면 불가능하다. 예를 들면 각 전문 분야마다 은퇴한 베테랑의 식견을 들을 수 있는 크라우드소싱 같은 시스템을 준비해야 한다.

중장기적으로는 정보 전달의 수단이 바뀔 것이다. 사장에게 신속하게 전달하기 위해 결론만 시각적으로 제시하거나 때에 따라서는 뇌에 직접 전달, 입력할지도 모른다. 거기에 더해 사장의 생각이나 꿈까지 추측하여 그다음을 내다보고, 더욱 가치 있는 정보를 전달하는 것도 필요하다.

044

AI 어시스턴트

한 사람 한 사람에게 최적화

시장 규모

2030년 일본 연간

4,000

억 엔

닛케이BP종합연구소 추정

시장 개요
- 가상의 어시스턴트가 일상 업무 지원
- 장소 추천 등 고도의 기능

'AI 어시스턴트'는 노동자 한 사람 한 사람에게 붙는 개인 전용 소프트웨어 로봇을 가리킨다. 스케줄 전달, 메일과 채팅 전달, 뉴스의 알림 설정과 같은 기본 기능 외에도 더 큰 기능 두 가지를 마련하여 노동자가 일에서 성과를 낼 수 있게 돕는다.

먼저, 노동자의 지시에 따라 컴퓨터 사용 업무를 대행한다. AI 어시스턴트는 보통 정해져 있는 작업, 예를 들어 정보 검색과 조회, 보고서 작성, 회의 스케줄 조정, 출장 예약과 같은 일을 대행한다. 이미 사내의 상담 코너 업무를 AI 챗봇이 대행하고 있고, 현장 작업인의 사무 데이터 입력을 지원하는 음성 입력 시스템이나 고객과 영업 미팅을 조정해주는 서비스가 등장하고 있다.

두 번째로 노동자에게 조언하는 기능이다. 노동자의 다양한 데이터를 취득, 분석하고 좀 더 효율적이고 생산적으로 일하는 데 도움이 될 만한 정보를 제공한다. 이런 것들은 아직 실험 단계이며 본격적인 실용화는 이제부터다. 만약 영업 담당자라면 예상 고객 정보에서 곧 만날 고객을 골라 약속을 잡아야 할 때, AI 어시스턴트가 누구를 만나야 할지 제안해줄 것이다. 농업 종사자라면 농사 계획을 바탕으로 그날 해야 할 작업 내용을 제시해줄 수 있다. 의사 결정자에게는 관리하는 프로젝트와 팀 상태에 대한 정보를 제시하면서, 누구와 어떠한 커뮤니케이션을 취해야 프로젝트와 팀의 상태가 개선될 수 있을지 조언해줄 것이다.

각각의 업무 또는 각 노동자의 바람에 맞게 작동하려면 데이터 수집과 축적, 그 데이터를 사용할 AI 어시스턴트의 학습이 필요하다. 이때 관건은 AI의 학습 훈련 시간을 어떻게 줄일 것인가이다. 또한 AI 어시스턴트를 적용할 업무 영역과 인간이 개입해야 할 타이밍을 판별할 필요가 있다. 우선순위가 높은 고객을 상대하거나 컴플레인이 발생했을 때 첫 대응 같은 섬세한 배려가 필요한 일은 아무리 시간이 흘러도 AI만으로 무리일 것이다.

045

자동 통역 기능이 탑재된 고화질 화상 회의

커뮤니케이션의 획기적인 개선

회의실에 걸린 디스플레이나 스크린을 이용한 화상 회의 시스템을 말한다. 이때 자동 학습 기능이 들어 있는 AI가 실시간으로 다언어로 통역을 해준다. 화상 회의는 서서히 보급되고 있지만 여전히 본사와 공장을 오가는 출장을 반복하는 기업도 적지 않다.

화상 회의는 글로벌한 비즈니스 환경에서 신속한 의사 결정과 기업 경영, 글로벌 마케팅과 상품 전략의 강화, 다국적 구성원의 오픈이노베이션^{국제기관, 정부 이용을 포함} 촉진에도 도움이 된다. 그리고 이동형 커뮤니케이션 단말기를 이벤트 장소 등에 가져갈 수 있다면, 원격으로도 이벤트나 전시회에 참가할 수 있다.

자동 통역 기능이 없는 제품과 서비스에도 활용할 영역이 넓다.

빈번하게 잡히는 본사와 연구소 등의 회의에 사용하거나 교통 장애, 광역 재해, 팬더믹 등으로 의사소통이 원활하지 않을 때 의사 결정을 할 수 있다. 또한 멀리 떨어진 곳에서 일하면서도 회의에 참여할 수 있고 학교 교육의 폭을 좀 더 넓힐 수 있으며, 간병 시설에서는 고령자를 돌보는 데도 활용할 수 있다.

046 협동 로봇
함께 일하는 로봇

일본의 IT 전문 조사 회사인 IDC 재팬은 2022년의 일본 로봇 시장을 2조 8,395억 엔으로 예상하였다_{산업용 로봇과 그 외 서비스 로봇의 합계}. 앞으로 로봇 이용은 공장, 창고, 음식점, 공사 현장, 접수처 등으로 확대될 것이다. 청소나 간병, 손님 접대 등 지금까지 인간이 주로 일하고 로봇이 하기 힘들었던 분야로도 넓어질 것이다.

그러기 위해서는 움직임이 거의 사람에 가깝고 다양한 환경에 적응할 수 있는 로봇을 개발해야 한다. 또한 이용자와 로봇 생산자를 중개하는 시스템 통합 업체가 등장하여 복수의 로봇을 연계하고 협조하도록 하는 서비스도 필요하다. 시스템 업체가 로봇의 비용 대비 효과를 명확히 설명할 수 있다면 도입이 더욱더 빨라질 것이다.

커리어 지원 에이전트

일하는 방식의 다양성을 지원

시장 규모

4조 엔

출처: 닛케이BP종합연구소

시장 개요
- 프로페셔널 인재 수요의 증대
- 새로운 에이전트 서비스의 탄생
- 다양한 일하는 방식을 수용할 수 있는 기업의 성장

☐ 번잡한 고용 계약이나 고용 조건 협상
☐ 고용 계약이나 협상을 처리할 전문가 육성

평생 현역 인생의 도래, 생산 연령 인구의 감소, 육아나 간병의 부담 등 노동자의 요구 지점이 다양화하는 현대에는 일하는 방식과 노동 환경에 큰 변화가 일어날 것이다.

우선 '채용 방법의 변화'가 있다. 현재 일본의 경제단체연합회는 그동안 대졸자의 상당수가 회사에 들어갈 때 경험한 '대졸 신입사원 일괄 채용'을 폐지하고 연간 상시 채용을 확대한다는 방침을 세웠다. 거기다 대졸, 고졸과 같은 학력 구분도 점점 없애고 있어서, 앞으로는 비대졸·대졸·젊은 층의 이직 등을 혼합한 '40세 이하 청년 채용'처럼 입구가 넓은 채용 방법을 취하는 기업이 늘어날 것으로 보인다.

다음으로 '고용 형태의 변화'를 들 수 있다. 프로젝트 단위로 팀을 형성하고 일을 진행하는 '업무 중심의 직업 시장'이 형성되어 좀 더 유연하고 다양한 업무 방식이 나타날 것이다. 특히 전문적인 기술이나 자신만의 지혜, 노하우를 보유한 전문가들이 증가하여, 다른 업종과 함께하는 프로젝트에 자신의 기술과 노하우를 제공하고 참여할 기회가 늘어날 것이다. 그리고 다양한 방식을 수용하는 기업이 '사람을 통해 승리하는' 기업으로 크게 성장할 것이다.

이러한 채용 방법과 고용 형태의 변화로 노동자가 기업과 맺는 계약이나 커리어 관리, 커리어 플랜 등이 점점 더 동시다발적으로 다양화될 것이다. 이 때문에 복잡한 노동 계약 체결이나 고용 조건 협상이 가능한 전문가와 대리인 등의 새로운 에이전트 서비스 수요가 확대할 것이다. 선수를 대신하여 구단과 계약 교섭을 하는 메이저리그의 에이전트처럼 기업과 개인을 연결해주는 특화형 에이전트가 노동자에게 재교육 기관을 소개하거나, 부업 또는 일정 기간 참여할 수 있는 프로젝트를 제안하게 될 것이다.

특화형 에이전트로 활약할 후보로는 크게 두 가지를 생각해 볼 수 있다. 하나는 기존의 이직 지원과 인재 소개 서비스 기업, 기업에 대한 노동자의 평가를 데이터로 보유하고 있는 기업이 유리하다. 또 다른 하나는 변호사, 노무사, 커리어 컨설턴트 등의 전문가일 것이다.

| **048** | 프리랜서 서포트 |
| | 업무 능력 향상에서 커리어 형성, 커뮤니티까지 |

2030년 일본 연간

시장 규모

1,500

억 엔

닛케이BP종합연구소 추정

시장 개요
- 프리랜서를 지원하는 각종 서비스
- 매칭 지원, 배후 지원 업무(back office)
- 프리랜서와 일하는 기업 증가

특정한 회사 조직에 소속되어 있지 않으면서 개인의 의사에 따라 노동력을 제공하는 개인 사업자가 늘어나고 있다. 이러한 '프리랜서'의 증가에 따라 '프리랜서 지원 서비스' 시장이 성장할 것이다. 이 시장은 크게 세 가지 서비스로 나눌 수 있다.

첫째, 일과 프리랜서 인력의 매칭이다. 기업이나 조직에서 업무가 발생하면 그 일을 필요로 하는 프리랜서를 소개한다. 이미 대형 크라우드소싱 사업자 등이 제공하고 있는 서비스다. 둘째, 프리랜서의 경영 관리, 경리, 법무, 총무 같은 주 업무 외의 기타 사무 업무를 지원하는 서비스이다. 대행 업무를 해줄 업체가 세무, 법률, 중요한 사무적인 작업을 맡아서 개인이 놓치기 쉬운 부분을 대신해준다. 셋째, 프리랜서 대상으로 설계된 보험이나 복리후생 서비스이다. 교육 연수 프로그램이나 협업 공간의 대여, 건강 검진 서비스 등도 포함된다.

또한 앞으로는 프리랜서 인력의 정보 교환이나 권리 확보를 대상으로 한 커뮤니티 활동도 활발해질 것이다.

일본 내각부는 2019년 7월, 프리랜서로 일하고 있는 사람의 수가 306만~341만 명 정도라고 공표했다. 그중에는 본업이 프리랜서인 사람이 228만 명, 부업인 사람이 112만 명이었다. 총 306만~341만 명이라는 수치는 일본 취업자 전체의 약 5%에 해당한다.

기업 측도 프리랜서 인력에 점점 더 주목하고 있다. 사업의 수명이 점점 짧아지고, 이노베이션 요구에 대응하기 위해서는 다양한 인적 자원과 협력하는 것이 필요하기 때문이다. 정부는 '프리랜서화'를 필연적인 사회의 흐름이라고 인정하고, 프리랜서 인력의 권리를 확보하는 정책 입안에 긍정적인 자세를 표하고 있다.

더욱 유연한 방식으로 일하고 싶어 하는 개인, 다양한 인적 자원을 확보하고 싶은 기업 그리고 정부라는 각 이해관계자의 움직임을 파악하면, 이 시장은 앞으로 10년 동안 확실히 성장해갈 것이다.

049

LGBT 채용 지원

다양성을 존중하고 기업의 손실을 막는다

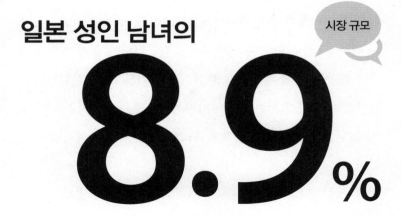

일본 성인 남녀의

시장 규모

8.9%

(성인 남녀 약 11명 중 1명)

출처: 덴츠다양성연구소

시장 개요

- 고립되고 스트레스를 받기 쉬운 LGBT
- 생산성과 충성심 저하 등 기업에 손실
- 대응법을 모르는 중소기업이 태반

□ 일하기 좋은 직장 만들기
□ '앨라이(ally)' 육성
□ LGBT 채용
□ LGBT 당사자라서 더욱 가능한 지원

LGBT란 동성애자인 레즈비언과 게이, 양성애자인 바이섹슈얼, 자신의 타고난 성을 거부하는 트렌스젠더의 앞 글자를 딴 총칭으로, 일반적으로 성적 소수자라고 말한다. 일본에서는 아직 서양보다 사회적 편견이나 차별이 두려워 커밍아웃하는 사람이 적다. 그래서 학교나 기업에서 고립되거나 주위에서 이해해주지 않는다는 점 때문에 스트레스를 받기도 한다. 기업에서는 생산성과 충성심 저하로 이어지기 쉽다. 일손이 부족한 시대에 LGBT를 차별하지 않고 활용할 수 있어야만 기업은 살아남을 수 있다.

최근에는 다양성의 중요성을 외치면서 동성 커플에게도 결혼 축의금을 지급하는 등 사내 규정을 개정하거나 LGBT를 대상으로 취업 설명회를 개최하는 기업도 생겨났다. 하지만 이런 시도는 일부의 선진적인 기업의 경우이고, 기존의 중견기업이나 중소기업은 어떻게 대응해야 하는지도 모르고 있는 게 현실이다.

LGBT 인력을 받아들이기 위해서는 먼저 다목적 화장실의 설치 등 하드웨어적인 면에서부터 사내 규정의 개정이나 직원 연수 등 소프트웨어적인 면까지 미리 준비해야 할 것이 많다. 일하기 좋은 직장 환경으로 정비하고 난 다음에는 채용과 적응, 활약을 도와주어야 한다.

앞으로 이런 부분을 개별적이고 포괄적으로 지원하는 비즈니스가 확대될 것이며, 그 시장은 실로 크다. 덴츠다양성연구소가 2018년에 실시한 조사에 따르면, LGBT의 비율은 일본 성인 남녀의 8.9%로 실제 인구 약 11명 중 한 명에 달한다.

LGBT 지원을 위해 우선 기업에 '앨라이ally'를 늘려야 한다. '앨라이'란 LGBT는 아니지만 LGBT를 이해하고 지원하는 사람들을 가리킨다. 기업 내 앨라이의 존재가 LGBT 대응의 열쇠를 쥐고 있다. 말을 꺼낸 사람부터 시작하라는 말이 있듯이, 지원 사업을 담당하는 기업에서 먼저 LGBT 인력을 채용하고 활용하는 것도 중요하다. 그리고 LGBT 당사자가 LGBT에게 더욱 가능한 서비스를 제공할 수 있을 것이다.

050

시니어 인력 아카데미

퇴직 후 '배움의 장소'

"어떤 기업이든 사장이 되는 것은 단 한 사람이다. 그 외의 사람은 사장에게 제언은 가능하지만 회사의 얼굴은 되지 못한다."

어느 중소기업 부사장의 말이다. 사장으로 선택받지 못한 경영 간부들도 제일선의 비즈니스 리더인 것은 틀림없다. 경영 업무에 종사하면서 기업을 대표하여 전문가로서 인터뷰에 응하는 일도 잦다. 하지만 기업을 떠나고 나면 대외적인 발언 기회가 줄

> **시장 개요**
> - 경영 간부의 퇴임 후 역할
> - 시니어 생활 기반의 필요성
> - 연수 니즈와 시즈(seeds: 기업이 소비자에게 새로 제공하는 신기술, 서비스 등)의 매칭

□ 퇴직 후 '배움의 장' 제공
□ 시니어를 위한 아카데미
□ 강사 자격과 '가르칠 장소' 제공

어든다. 사장, 회장을 경험한 경우라면 퇴임 후에도 경제지 칼럼 등에 종종 등장하지만 부사장 이하에게는 그런 기회가 거의 없다.

기업인은 퇴직 후 직책을 내려놓게 되면 정체성의 상실을 느낀다고 한다. 기업에서 간부로 일하던 시니어가 퇴임 후에도 활동을 계속하거나, 롤모델로서 후진을 키운다면 의욕적인 여생을 보낼 수 있을 것이다.

시니어를 위한 아카데미는 이러한 '전 경영 간부'를 타깃으로, 지적 호기심과 인정 욕구를 충족시켜주는 '공간'으로 만들 수 있다. 아카데미에 입학하면 '알기' '배우기' '가르치기', 이 세 가지의 '장'을 체험할 수 있다.

'아는 장소'에서는 정치, 경제, 기업, 국제, 시장 등 각 분야의 뉴스를 강독할 수 있다.

'배우는 장소'에서는 경영 전략, 재무, 인력 관리, 마케팅, 이노베이션, 테크놀로지, 어학, IT 리터러시 등 전문 강사의 커리큘

럼을 수강할 수 있다. 온라인 세미나와 소수 인원의 오프라인 세미나 등을 통해 최첨단의 실전 학문을 다시 배울 수 있다. 쌍방향으로 소통하는 워크숍을 통해 화술이나 프레젠테이션 기술도 익힐 수 있다.

아카데미의 가장 큰 특징은 '가르칠 장소'를 제공한다는 것이다. '배우는 장소'에서 최종 시험에 합격한 시니어는 '아카데미 공인 강사' 자격을 부여받는다. 아카데미에서 얻은 지식과 간부로 일한 경험을 살려 기업이나 세미나에서 연수 및 강연 기회를 얻을 수 있다. 시니어가 원하면 본인의 저작물을 제작, 발행하는 서비스도 제공할 수 있다.

아카데미 입학 자격은 기업에서의 직함을 '임원 이상'으로 설정하고, 추후 심사를 거치면 될 것이다. 단, 여기서 말하는 임원은 회사법 규정에 따를 필요는 없고 각 기업에서의 직함을 중시한다.

**2020년 글로벌
에듀테크**

시장 규모

2,520
억 달러

출처: 영국 IBIS 캐피탈

시장 개요
- 사회인 재교육 수단
- AI나 IoT 등 전문 기술

에듀테크는 에듀케이션^{education}과 테크놀로지^{technology}를 조합한 조어로, 주로 인터넷을 이용하여 교육이나 트레이닝을 온디맨드^{On-demand}로 제공하는 서비스를 가리킨다. 일본 정부는 사회인의 재교육에 힘쓰고 있고 에듀테크는 그 유력한 수단이다. 교육 내용은 재취업이나 직종 변경을 위한 직업 훈련, AI나 IoT와 같은 앞으로 시장에서 필요한 전문 기술 등이다.

에듀테크는 학습자의 진도 파악, 교육 콘텐츠 전송에 IT를 이용하며, 학습자의 이해도에 맞춘 콘텐츠를 제공한다. 앞에서 다룬 뇌 피트니스에도 응용할 수 있다. 학습자의 상태를 고려하여 적절한 뇌 피트니스를 제안할 수 있다. 또한 콘텐츠에는 동영상뿐만 아니라 VR과 AR 등 좀 더 현장감을 높여주는 테크놀로지를 사용할 수 있다. 예를 들어 외국어를 배울 때는 먼 거리에 있는 강사도 눈앞에 있는 것처럼 보여줄 수 있어서 집중력이 올라갈 것이다. 물체 형상을 보여주는 홀로그램을 사용하여 학습자의 호기심도 자극할 수 있다. 홀로그램을 사용하면 특히 만들기 교육 분야에서 학습 효율이 올라갈 것이다. 전속 AI 코치도 붙여줄 수 있다. 학습이 정체되면 AI 코치가 격려해주고, 막히는 부분에서는 이해를 돕는 콘텐츠를 제시해준다.

일반적으로는 나이가 많아질수록 학습 효율이 떨어진다고 한다. 따라서 고령 학습자에게는 뇌 피트니스와 각종 테크놀로지를 복합적으로 사용하여 나이에서 오는 핸디캡을 느끼지 않게 도와줘야 한다. 그렇게 되면 고령자는 자신의 능력을 업데이트할 수 있고 일도 계속할 수 있게 된다.

순환 교육

새로운 배움의 장이 필요하다

'순환recurrent'이란 '다시 발생한다, 반복되어 일어난다'는 의미다. 통상적인 학교 교육, 기업 내 교육과는 별도로 다시 한번 배우는 것을 말한다. 기술 혁신에 따른 일의 변화에 대비하기 위해, 또는 60세 이후에도 계속 일을 하기 위해 일정 시기에 재교육이나 훈련을 받아 새로운 기술을 익혀야 하므로 정부도 중요 시책으로 내세우고 있다.

예를 들어 『경제 재정 운영과 개혁의 기본 방침 2019, '레이와'

시장 개요
- 재교육이 큰 시장으로
- 새로운 수요 기대

신시대: 'Society 5.0'의 도전』을 보면, '순환 교육'으로 다음의
세 가지를 들고 있다.

— 대학이나 기술학교 등 순환 교육의 확대
— 인재 육성 등에서 민간 기업의 지혜, 노하우 최대한 활용
— 조기 졸업, 장기 이수 제도, 학점 누적 가산 제도 활용, 학
    위 취득의 탄력화

여기서 세 번째는 현재 일을 하는 사회인이 더욱더 쉽게 교육을
받을 수 있게 하려는 의도이다. 실무 경험 기간을 수업 기간으로
대체하거나, 일하면서 조금씩 학점을 딸 수 있게 하는 것이다.
순환 교육 시장 그 자체는 아니지만, 꽤 겹치는 시장으로 비즈
니스 관련 기술을 익히는 학교, 사회인 대학, 영어 회화 등의 '자
기계발 시장'이 있다. 교도통신이 미쓰비시 UFJ 리서치&컨설팅
에 의뢰하여 조사한 결과, 일본의 자기계발 시장은 2016년에 약
9,000억 엔에 달했다고 한다.

가르치는 측에서 보면 순환 교육은 새로운 고객의 등장이다. 현재 국립대학법인의 통합이나 새로운 공립대학이 탄생하는 등 대학 재편이 진행되고 있으며, 기존의 학생에 더해서 사회인도 학생으로 받아들이려는 움직임이 있다. 앞으로 미국의 커뮤니티칼리지처럼 지역 주민이 다니기 쉬운 코스를 마련하는 대학이 일본에서도 나올 것이다.

하지만 순환 교육의 성패는 가르치는 측보다 배우는 측의 자세이다. 후생노동성 직업능력개발국이 2002년에 발표한 『커리어 형성을 지원하는 노동 시장 정책 연구회 보고서』를 보면, '커리어 형성은 개인이 동기, 가치관, 능력을 스스로 되새기면서 직업을 통해 자기실현을 꾀하는 과정'이라고 쓰여 있다. 그러나 17년이 지난 지금, 재교육이라는 말을 들으면 당장 눈에 보이는 기술이나 지식을 떠올리는 사람이 많을 것이다.

앞으로는 위에서 정의한 커리어를 형성하고, 일과 생활 모두 충실히 하고 싶은 사람을 위한 '커뮤니티 내의 배움의 장'이 등장할 것이다. 이곳에서 인생 설계, 지역 활동, 새로운 일 연결 등을 지원해줄 것이다.

053	유연 근무
	프로젝트, 원격 근무 장소 제공

유연 근무의 경제 효과 :
2030년까지 글로벌

시장 규모

10조400억 달러

출처: 리저스 그룹

시장 개요

- 노동자가 '일하는 장소'를 자유롭게 선택
- 위성 사무실, 코워킹 스페이스
- 'Workplace as a Service'로 확대
- 이동형 오피스, 리조트형 오피스

앞으로는 노동자가 '일하는 장소'를 자유롭게 선택하는 일이 대폭 늘어날 것이다. 노동자는 자신의 능력을 발휘하고 생산성을 높일 수 있는, 또는 프로젝트 작업이 편리한 사무실이나 장소를 선택할 것이다. 기존과 같이 회사 사무실을 선택할 수도 있지만, 직원이 사는 곳 근처에 작은 사무실을 두고 정보 통신 기기로 본사와 소통하거나 또 다른 협업 공간을 선택할 수도 있다. 일은 집이나 사무실에서 하고 회의는 가상 공간에 마련한 회의실에서 하는 것이다.

재택근무의 확대, 프리랜서의 증가, 워라밸을 중시하는 문화가 더욱 대중화되면서 좀 더 유연한 업무 방식을 요구하는 노동자가 늘어날 것이다. 그리고 이런 이유로 집이나 회사 사무실 외의 공간에 집무 공간을 마련할 것이다. 예를 들면 카페, 교통 관련 시설, 병원 등이다. 경치 좋은 리조트에도 사무실이 만들어질 수 있고, 자율 주행 기술이 진화하게 되면 자동차도 일터가 될 수 있다.

사무실 임대나 협업 공간도 진화할 것이다. 조직 형태가 유연한 스타트업뿐만 아니라 대기업이나 중소기업도 폭넓게 활용할 것이다. 기업과 노동자의 다양한 요구를 받아들이면서 이른바 'Workplace as a Service', 즉 일하는 장소와 그것을 지원하는 주변 서비스를 온디맨드로 제공하는 서비스 시장이 시작되는 것이다.

사무실이나 협업 공간을 제공하는 업체에서는 업무 공간의 확대와 축소, 각종 설비의 유지 관리, 휴식 공간의 냉장고와 음료 등을 관리하게 될 것이다. 네트워크 액세스 등의 기본적인 IT 서비스 준비, 이와 관련한 그 외 유지 관리, 경우에 따라서는 인력이나 복리후생 서비스 제공도 담당할 것이다. 그리고 도심의 노후화된 중소 빌딩의 재생도 진행될 것이다.

그에 따라 사무실이나 협업 공간을 제공하는 업체에서는 기업을 대상으로 인력 중개도 할 수 있다. 이미 일부 협업 공간에서는 동료 간에 인력 연결이 자연스럽게 발생하고 있다. 기업가가 엔지니어나 경리 등의 직원을 뽑을 때, 같은 협업 공간에서 일하는 사람 또는 그 지인 등과 함께 새로운 회사를 시작하는 것이다.

2030년 리모델링 시장

시장 규모

6.5조 엔

출처: 덴츠다양성연구소

시장 개요
- 일할 공간이 있는 거주 공간
- 주택을 대상으로 한 새로운 보안 시스템
- 재택근무자와 회사의 커뮤니케이션 서비스
- 방문자, 가족 수, 라이프 스타일에 따라 가변적
- 주택 구축의 자문 업무

☐ 가상 협업 기술의 확립
☐ IoT를 구사한 방범 기술, 주택용 경비 로봇
☐ 거주 공간 코디네이터

노동자나 프로젝트가 '일하는 장소'를 고를 수 있게 되면 '집의 사무실화'가 진행된다. 집의 방 하나 또는 일부 공간이 업무 공간이 되는 것이다. 자녀를 학교에 보내고 나서 부엌이나 거실 한쪽을 업무 공간으로 사용할 방법을 고민하게 될 것이다. 단, 회의는 외부 공간이나 회사 사무실, 또는 인터넷을 통해 이루어진다.

따라서 인테리어와 주택 설계도 바뀌게 될 것이다. 서재가 다시 주목을 받게 되고 대형 주택에서는 개인 방, 소형 주택에서는 작은 방과 같은 공간 만들기가 화제가 될 것이다. 노동자의 생산성을 끌어올릴 수 있는 상품이 속속 등장할 것이며, 집을 쾌적한 사무실로 바꾸는 대중의 노하우가 인터넷에서 서로 공유될 것이다. 심리학과 뇌 과학을 바탕으로 능률이 상승하는 환경 만들기가 화제가 되고, 이를 기반으로 한 상품과 서비스가 늘어날 것이다. 그리고 로봇 슈트를 비롯한 육체 기능 보조 상품, 뇌 피트니스를 통한 뇌의 회복 촉진, 스마트 콘택트렌즈와 같은 시청각 보조 상품 등이 발달하여 고령자도 노동에 참여할 것이다. 고령자 대상의 요양원에도 원격 근무가 가능한 환경이 마련될 것이다.

주거 공간이 사무실 기능을 겸비하게 되면, 주택을 대상으로 한 보안 시스템이 다시 주목받을 것이다. 보안 대책 소프트웨어, IoT를 구사한 방범 센서, 문제가 발생했을 때 먼저 출동하도록 설계된 주택용 경비 로봇 등 다양한 기능을 조합하여 개인 주택 사정에 맞춘 서비스나 기기를 선보일 것이다.

재택근무자가 늘어나면 반대로 가볍게 주고받을 수 있는 대화나 상담, 정보 교환, 브레인스토밍 등 평범한 사무실에서 손쉽게 할 수 있었던 커뮤니케이션의 가치가 재평가될 것이다. 그리고 가상 협업 virtual collaboration 이 새삼 주목받을 것이다. 가상 공간에 팀원이 일할 사무실을 만들어두고 그 모습을 대형 디스플레이 또는 집의 벽에 비춘다. 그러면 그곳에 카메라로 찍은 자신의 모습이나 함께 일하고 있는 팀원의 모습이 나타나고, 마이크와 스피커를 통해 대화할 수 있다.

055	기념사업 컨시어지
	미래형 기념사업의 추진 파트너

시장 규모

7조 엔

제국데이터뱅크의
'2019년 연 단위 기념사업
실시 기업 수 조사'를 바탕으로
닛케이BP종합연구소 추정

시장 개요

- 기업의 고비마다 시행하는 중요한 사업
- 담당자의 부담 해소 필요
- 연 단위 기념사업 트렌드의 변화
- 역사를 회고하는 것에서 미래 창조로

기업이나 단체 등에서는 10주년, 20주년 등의 연 단위로 기념사업을 한다. 주로 창업이나 창립, 또는 합병, 지주회사로 전환한 이후 10년 단위로 축하하는 경우가 많다. 이날을 기념하여 펼치는 사업 방향은 담당자의 사업 과제와 최근 트렌드의 변화에 따라 결정된다.

기존에는 몇 주년 기념사업의 주요한 작업이 그동안 회사의 발자취를 담은 책자를 제작하거나 거래처 등을 초대하여 기념식을 하는 정도였다. 보통 일부 담당자가 회사의 연혁을 책자로 만드는 일을 조용히 진행하는데, 담당자의 고민과 과제라고 해봐야 방대한 자료 정리, 전임자 부재로 인수인계 결여, 다른 직원의 무관심 등이었다.

그러나 최근에는 기념사업의 내용이 다양화하면서 담당자의 과제와 부담이 상상 이상으로 커지고 있다. 이 때문에 앞으로 몇 주년 기념사업을 준비하려는 기업이라면 '기념사업 컨시어지'가 필수적으로 필요하다. '기념사업 컨시어지'는 몇 주년을 계기로 기업의 경영 과제를 찾아내고 그 해결책으로 최적의 기념사업을 제안, 추진해주는 파트너가 될 것이다.

기념사업 컨시어지는 ○○주년을 계기로 브랜딩이나 인재 전략을 추진하고 싶어 하는 기업에게 비전이나 신조, 슬로건의 책정, 브랜드북의 발행 등을 제안할 수 있다. 일하는 방식 개혁이나 다양성 추진을 기념사업의 목적으로 하여 휴업, 부업에 대한 제도를 재고해보는 것도 가능하다. 직원의 업무 몰입도 향상이나 이노베이션 추진을 위한 연수와 이벤트 제안도 생각해볼 수 있다.

○○주년 기념사업을 진행할 때는 경영자가 나서서 직원을 끌어들이기보다 회사 전체의 사업으로 승화시켜야 한다. 경영자를 지원하는 것도 기념사업 컨시어지의 역할이다. 기업의 지속 가능성을 꿰뚫어보는 경영자에게 제안과 지원을 할 수도 있다.

4장 필자

이시카와 후미키
이데 가즈히토
오쓰카 요
다카시타 요시히로
다나카 가즈유키
도쿠나가 다로
나카스 조지
모리야마 미호
야지마 노부유키

앞으로 10년 부(富)를 끌어당기는 100가지 블루오션

5장

공유 서비스;
오픈 시대의 도래

구독

공유의 시대에 고전적 수법이 주목

구독subscription은 일정 요금주로 월정액을 지불하고, 어떠한 제품이나 서비스를 이용하는 것이다. 잡지의 정기구독이나 회원제 통신 판매 등 오래전부터 존재하던 형태지만, 제품과 서비스를 공유하는 시대가 되면서 인터넷과 IT 발전에 힘입어 지금까지 공유하기 어려웠던 것까지 공유할 수 있게 되었다. 그리고 새로운 사업이나 서비스를 구독 형태로 시작하는 예가 늘어나고 있다.

이용자 쪽에서 보면 일정 요금을 지불하기는 하지만 좀 더 넓은

시장 개요
- 일정 요금 범위에서 다양한 편익 제공
- 인터넷과 AI 시대에 재평가
- 이익 확보 용이

선택지를 손에 넣을 수 있다. 예를 들면, 의복 등 기호성이 높은 상품을 구독 형식으로 제공하는 비즈니스가 있다. 미리 선호하는 스타일을 등록해두면 그것에 맞는 의복을 서비스 제공자가 골라서 배송해준다. 이용자는 마음에 드는 상품을 입을 수 있다.

비즈니스 모델은 여러 가지가 가능하다. 일정 요금 범위 안에서 의복을 교환하거나, 특히 마음에 든 의복은 일정 요금을 내면 구입할 수도 있다. 후자의 경우, 의복 선택과 착용에 가치를 느끼고 그 대가를 지급하는 것이다.

이용 정보가 데이터로 축적되기 때문에 이용이 많아질수록 데이터의 양도 많아지고, AI는 그것을 분석하여 이용자의 기호에 맞는 상품과 서비스 등을 적확하게 제안할 수 있게 된다.

서비스를 제공하는 입장에서는 구독 형태를 도입하면 좀 더 쉽게 안정적으로 비즈니스를 할 수 있다. 일정 요금이 반드시 들어오기 때문에 광고나 이용 데이터의 분석 판매 같은 다른 수입원에 기대지 않고, 구독자만을 대상으로 상품과 서비스를 제공할 수 있다.

그런데 사람들에게 일정 요금을 지급하게 하려면 그에 상응하는 가치를 제공해야 한다. 최종적으로는 불특정 다수를 대상으로 한다고 해도, 초기에는 타깃을 어느 정도 좁히고 가치를 명확히 하여 사업을 시작하는 게 좋다. 이 점은 기존의 비즈니스와 다를 게 없다.

**일본 잠재
시장 규모**

시장 규모

8조 엔

닛케이BP종합연구소 추정

시장 개요

- 자율 주행으로 차량이 업무 공간이 된다
- 이동 시간을 쓸모 있게
- 방 하나의 크기로 다양한 서비스
- VR, AR과 조합
- 역세권의 가치 하락

☐ 차량 수집과 관리
☐ 유지 관리망 구축
☐ 수요 예측 · 배차 시스템

2020년대 중반부터는 운전사가 필요 없는 '레벨 5'의 자율 주행 차량이 실현될 것이다. 이때가 되면 차량의 형태도 바뀌어서, 운전석이 사라지고 차 안을 최대한 승객을 위한 공간으로 만들게 될 것이다. 그렇게 되면 차 안에서 업무도 가능해진다. 창문이 없는 차량도 생겨서 창 대신 디스플레이를 장착하여 VR이나 AR 기술을 결합한 서비스도 제공할 수 있다.

이러한 변화로 MaaS Mobility as a Service 서비스도 시작될 것이다. 승객을 이동시키면서 1평 정도 되는 차 안에서 또 다른 서비스를 제공하는 것이다. 예를 들면, 영어 회화 교실을 생각할 수 있다. 영어 강사가 차를 타고 예약한 시간에 집 앞으로 찾아오면, 회사까지 가는 시간 45분 동안 일대일로 영어를 배울 수 있다. 차 안의 디스플레이나 음향 시스템을 활용하면 원격으로도 배울 수 있다. 거기에다 노래방, 술집, 요가, 마사지, 개인 헬스장, 미용실, 이발소, 진료소 등도 이 서비스를 이용할 수 있으며, 캡슐 호텔도 차에 실을 수 있다. 내일 아침까지 오사카로 가야 하는 도쿄 거주자가 전날 밤에 차량을 이용한 캡슐 호텔에서 잠을 자면서 이동하는 것이다.

이러한 변화에 따라 도시에 사는 사람의 이동 패턴도 바뀔 것이다. 역 근처에 몰려 있던 편의 시설 등의 모든 서비스가 MaaS 서비스 차량으로 실현될 수 있기 때문이다. 역 근처까지 이동할 필요가 없기 때문에 역세권이 편하다는 말도 사라질 가능성이 크다.

그렇다면 누가 이런 시대에 환호할까? 하나는 MaaS 서비스 차량을 대량으로 관리하고 서비스 사업자에게 대여도 할 수 있는 차량 플랫폼이다. 부동산 업자의 모빌리티 판이라고 할 수 있다. 또 다른 한쪽은 이용자와 서비스를 연결해주는 사업자이다. 서비스 이용자와 제공자를 모두 고객으로 대량 확보하게 되면, 수요가 발생하는 장소와 시간을 예측할 수 있고 효율적인 배치와 서비스 제공도 가능해진다.

자율 주행 모빌리티 보험

자율 주행 이동체의 사고를 보장한다

**2030년의 자율 주행 차 관련
서비스 보험, 수리 등 포함**

시장 규모

22조 엔

출처: 미국 프로스트&설리번

시장 개요

- 대인, 대물에서 새로운 보장 구조 필요
- 자율 주행 이동체를 이용하는 사업체에서 큰 수요 예상
- 기업이 미리 제품에 포함시켜놓는 경우
- 소유자가 책임을 과하게 지지 않는 구조

자율 주행 차, 자율 주행 배, 배달용 드론 등을 사용하다가 사고가 일어나면 과연 누가 책임을 질까? 이 문제에 대처하려면 대인, 대물과 함께 자율 주행 모빌리티 보험이라는 새로운 보장 시스템이 필요하며, 자율 주행 이동체를 사용하는 사업체 측에서 이 보험에 가입할 것이다.

자율 주행 차를 예로 들면, 2025년 정도부터 등장할 '레벨 4'의 자율 주행 차를 소유하는 데 필요한 새로운 제도가 등장할 것이다. 소유권을 얻으려는 시장과 소유권을 행사하기 전에 의무적으로 가입해야 하는 보험 상품 시장이 생겨날 것이다. 기업이나 개인이 기존처럼 차의 소유자가 될 수도 있고, 공유차 서비스를 하는 사업자가 차의 소유자가 될 수도 있다. 자동차 회사가 미리 자율 주행 차에 보험을 포함해서 판매할 수도 있다.

일본손해보험협회는 2016년 6월에 발행한 보고서 「자율 주행의 법적 과제에 대해서」를 통해 레벨 4의 자율 주행은 운전자가 운전에 전혀 관여하지 않기 때문에 '운전자'라는 개념이 사라지고, 기존의 자동차 관련 보험과도 달라져야 한다고 했다.

자율 주행 연구자들 사이에서는 자율 주행 차의 움직임을 특정한 누군가가 감시하고 있다면, 그 감시자에게 감독의 책임을 물어야 한다고 주장하기도 한다. 그러나 모든 자율 주행 차에 감시자를 두는 것은 자율 주행 도입으로 인적 작업을 축소하려던 목적에 반하기 때문에 현실적이지 않다. 그래서 감시자가 없는 상태에서 자유롭게 이동하는 자율 주행 차에 대한 책임을 누가 질 것인지는 앞으로 남은 과제이다.

누가 책임을 지든지 일단 소유자가 과도한 책임을 지지 않는 형태의 시스템이 필요하지만, 그 때문에 발생할 수 있는 사고와 손해 비율을 추정해볼 필요가 있다. 사고율은 테크놀로지의 발달 정도에 따라 달라지기 때문에 앞으로 다가올 미래의 테크놀로지를 계속해서 주시해야 한다.

농업

9.3 조 엔

출처: 「2017년 전국 농업 총산출액 및 생산농업소득」(농림수산성)

시장 개요

- 제국중공업의 트레일러 군대
  (소설 '변두리 로켓'에 등장하는 이야기)
- WAGRI/농업 데이터 연계 기반
- GNSS 위성 시스템, 위성 '미치비키'
- 농기구와 논밭의 자율 주행
- 게놈 편집 및 생체 분자 데이터

애그테크는 농업agricultural과 기술technology을 조합한 조어이다. 현재 국가 주도로 다양한 테크놀로지와 제도 등을 만들어가고 있으며, 이를 실용화하고 하나로 모으는 작업을 진행 중이다. 이 것들을 이용하여 AaaS^{Agriculture as a Services}가 시작되면 그야말로 토지만 있으면 나머지는 컴퓨터만으로 농업을 시작할 수 있는 시대가 찾아오게 된다.

일본에서 소설과 TV 드라마로 인기를 모은 『변두리 로켓』^{이케} ^{이도 준, 소학관, 2013}에는 자동 콤바인 여러 대를 트레일러에 싣고 논으로 가서 태풍이 덮치기 전에 밤새도록 벼를 수확하는 장면이 나온다. 이것이 애그테크의 대표적 이미지로, AaaS를 사용하면 이러한 기기 없이도 서비스를 이용할 수 있다. 거기다 농지 자체를 공유하는 서비스가 나타날지도 모른다. 예를 들어, 도시 거주자가 일정 요금을 지불하고 농지와 AaaS를 공유하여 주말 농업에 참여하는 것이다.

테크놀로지는 착실히 진화하고 있다. 일본은 위성 '미치비키'

의 등장으로 농기구를 센티미터 단위로 자동 제어할 수 있게 되었다. 이미 유인 감시 자율 주행 트랙터가 시장에 나와 있다. 일본 정부는 '2020년까지 완전 무인화'를 목표로 하고 있다. 기상 데이터를 바탕으로 논의 밸브를 자동 개폐하는 것도 가능하다. 논밭 지도 정보 등을 데이터베이스로 하는 프로젝트 'WAGRI'가 급속도로 진행되면서 검증 실험도 시작한 상태이다. 유전자 수준의 생체 분자 데이터를 사용하여 품종별, 생육 상태별로 최적 수위를 예측하는 테크놀로지도 있다.

앞으로 AaaS를 촉진하기 위해 '스마트 농업 종사자 양성 검정 제도'와 같은 애그테크 시대의 지식을 확인하는, 기계 조작자와 이용자 대상의 자격 검정 제도가 생길 것이다. AaaS의 해외 진출도 가능하다. 세계 인구는 일본의 약 60배로 거대한 시장이다. 이제 남은 과제는 관련 데이터를 집약할 수 있도록 데이터를 제공하는 측이 자신들의 장점을 확실히 보여주는 것이다.

보디 셰어 서비스

사람이 보유한 기능을 상호 보완

2030년

시장 규모

6,000

닛케이BP종합연구소 추정

억 엔

시장 개요

- 장애인, 고령자 끌어들이기
- 장애인, 고령자가 서로를 지원
- 유료 비즈니스로 진행
- IT, 로봇 동원

건강한 사람이 장애인이나 고령자를 돌보는 기존의 복지 서비스와 달리, 장애인이나 고령자도 장애인, 고령자가 돌볼 수 있게 하는 것을 말한다. 장애인과 고령자를 끌어들인 공유 경제의 한 형태라고 말할 수 있다. 예를 들면, 시각 장애인이 휠체어를 탄 사람 대신 가게에 물건을 사러 가는 것이다. 시각 장애인은 소형 카메라와 수신기를 겸한 디바이스를 가지고 가게에 가고, 휠체어를 탄 사람은 소형 카메라로 가게의 모습을 보면서 사고 싶은 상품을 말하면 된다.

이런 지원 활동은 무상의 자원봉사가 아니라 비용을 지급해야 한다. 장애인과 고령자는 이렇게 일을 하면서 납세자가 될 수 있고, 그만큼 복지 비용도 줄어들게 된다. 거기다 장애인, 고령자가 로봇과 IT 등을 이용하여 잃어버린 신체 기능을 보완하면, 레스토랑의 웨이터 업무 등 건강한 사람들이 하는 일자리도 얻을 수 있다. 그리고 앞으로 다가올 인력 부족 시대를 생각하면 충분히 기대할 만하다.

앞으로 10년 부(富)를 끌어당기는 100가지 블루오션

단, 이러한 서비스를 실현하려면 준비해야 할 것이 많다. 우선, 잃어버린 신체 기능을 보완해줄 장비와 IT 툴을 개발하는 데 더욱 힘을 쏟아야 한다. 그리고 서비스를 안정적으로 받쳐줄 구조도 필요하다. 지원받고 싶은 사람과 지원하고 싶은 사람을 연결하는 네트워크의 구축이 필요한데, 이것은 SNS를 이용하면 된다. 그리고 서비스 평가나 요금 정산 시스템도 필요하며, 장애인 고용촉진법과 연계하여 법정 고용률을 도입하는 것도 빼놓으면 안 된다.

2022년의 스마트 빌딩 시장 글로벌

시장 규모

317억
4,000
만 달러

출처: 마켓츠앤마켓츠

- 빅데이터를 활용한 도시 관리
- 빌딩 설비의 가동 상황, 상업 시설의 소비자 동향 분석
- 새로운 서비스에 대한 소비자 요구 발굴
- 사무 공간의 병합, 조정을 원활하게
- 각 지역에 특화한 서비스 전개

계속해서 문제를 지적하고 있지만 도시 집중 현상은 세계적인 현상이다. 도쿄는 2030년의 명목 GRP^{지역총생산}가 한 사람당 5만 9,830달러에 달할 것으로 예측하고 있다^{출처: 「아시아 경제 중기 예측 제4회 2018~2030년」}.

　지방을 살리는 것도 필요하지만, 한편으로는 집중도가 높아지는 도시를 효과적이고 효율적으로 관리하는 것도 놓쳐서는 안 된다. 이를 위한 대책으로 지역 정보 매니지먼트 같은 정보 서비스를 기대해볼 만하다. 도시에 있는 빌딩 설비의 가동 데이터, 상업 시설의 소비자 데이터, 도심의 노동자 데이터를 모으고 분석해서 지역의 다양한 서비스 사업자에게 그 정보를 제공하는 것이다.

　현재 지역의 정보는 분산되어 있다. 예를 들어, 빌딩에 대한 데이터는 부동산 회사가 가지고 있고 소비자들에 대한 데이터는 각 상업 시설에서 가지고 있다. 그리고 통신 상황으로 유추할 수 있는 사람들의 움직임에 대한 데이터는 통신사가 가지고 있다.

여러 데이터 중에서 사람이나 조직의 활동 상황을 알 수 있는 것들을 수집하고 분석하여 그 결과를 지역의 각종 사업자에게 제공한다면, 그 지역에서 사무 공간의 공급이나 조정, 사람의 이동 흐름이 원활히 진행될 수 있도록 도울 수 있다. 도시의 에너지 이용이나 교통의 최적화, 도시 커뮤니티 활동 지원 등으로 응용할 수 있는 범위도 넓다.

문제는 업종과 형태를 뛰어넘어 도시의 데이터를 폭넓게 수집할 수 있는 구조를 만드는 것이다. 지방 자치 단체가 앞장서서 제3섹터의 지역 정보 서비스 제공자를 만들어야 한다. 데이터의 서식만 정해놓고 데이터 공개를 요구하며, 나머지는 민간 경쟁에 맡기는 방식을 생각해볼 수 있다.

지역 정보 매니지먼트를 위해 전문적인 정보 애널리스트도 필요하다. 각각의 애널리스트는 전국의 도시 정보를 참고하면서 도쿄, 나고야, 오사카, 후쿠오카 등 각 지역에 특화된 지식과 의견을 제공해줄 수 있다.

062	서플라이 체인 매니지먼트 서비스
	기업, 업계의 틀을 뛰어넘어 유기적으로 이어진 서플라이 체인의 종합 관리

일본 내

1

조 엔 이상

시장 규모

닛케이BP종합연구소 추정

시장 개요
- 중견 · 중소기업의 연계 지원
- 각종 IT 구조 도입

IT 발달을 배경으로 산업 기반을 지지하는 서플라이 체인이 크게 진화하는 중이다. 이에 따라 막대한 신시장이 태어날 가능성이 커지고 있다. IoT와 AI, 5G 등의 IT를 활용하여 산업 전체에 일고 있는 혁신의 움직임은 전 세계적인 트렌드다. IT로 다양한 문제를 해결하여 좀 더 효율적인 산업 구조가 구축되면, 그다음에는 새로운 비즈니스나 부가 가치를 창출하려는 움직임이 생긴다. 이 흐름 속에서 서플라이 체인 전체에도 변혁의 움직임이 일고 있다. 목표는 관련 기업이 IT 시스템을 통해 좀 더 많은 정보를 실시간으로 공유하고, 시장 변화에 따라 유연하고 빠르게 프로세스를 바꿀 수 있게 하는 고도 기능을 겸비한 서플라이 체인의 실현이다.

일본 경제산업성은 2017년에 앞으로 목표로 해야 할 산업의 콘셉트로서 'Connected Industries'를 발표했다. 'Connected Industries'는 다양한 '연결'을 통해 새로운 부가 가치를 창출하는 산업 사회이다. 그리고 정부는 여기에 맞춰서 서플라인 체인의 진화를 이끌 방안을 내놓고 있다.

이미 대기업을 중심으로 계열사 간의 정보 공유 구조를 포함한 서플라이 체인 시스템이 구축된 곳도 있다. 아직은 일본 기업 중에 소수지만 존재하고 있다. 나아가 앞으로는 계열사를 넘어 모든 기업이 연결되는, 광범위한 서플라이 체인을 실현하는 방향으로 가게 될 것이다. 그렇게 되면 중소기업도 결국 합류하게 될 것이고, 서플라이 체인의 최적화를 위해 업무 프로세스의 일부를 복수의 기업과 공유하거나 생략하게 될 것이다.

2018년 6월 중소기업청 조사에 따르면 일본의 중소기업 수는 약 360만 개에 이른다. 만약 한 회사당 이용료 수만 엔을 받고 이러한 서비스를 제공해준다면, 그 총액은 1조 엔을 뛰어넘는다. 개별적인 IT 투자뿐만 아니라, 기업과 계열을 뛰어넘는 서플라이 체인 네트워크를 관리하는 서비스, 현장의 OT[operation technology]와 IT의 연계를 지원하는 서비스 등 신사업이 태어날 가능성도 있다.

서플라이 체인은 국내 시장으로 끝나지 않고 해외 기업도 끌어들이게 되어 차세대 서플라이 체인을 둘러싼 시장은 한층 더 커질 것이다.

서비스도 하나의 회사

새로운 조직 형태를 서비스로 제공

회사의 조직 구조에는 고전적인 피라미드형 외에 좀 더 평평한 형태, 복수의 프로젝트나 작은 조직이 연계하는 형태가 있다. 큰 흐름에서 볼 때 2018년에 화제가 된 틸 조직^{Teal Organization}이나 이전부터 제창되어온 아메바 조직으로 대표되는, 상황 변화에 재빨리 대응할 수 있는 조직 형태로 이동하는 중이다.

중대^{Company}에서 소대^{Platoon}로, 또는 안건을 공유하는 직업별 또는 직능별 조합으로 회귀하는 거라고 볼 수도 있다. 하지만 조직 구조를 한 번에 바꾸기는 어렵고 단계적으로 이동하는 경우가 많을 것이다.

서비스 메뉴로는 가상의 프로젝트 룸 제공, 회의록 작성, 진행 상황 관리, 성과 파악, 조직원 인사 관리 등을 생각해볼 수 있다.

이미 존재하고 있는 테크놀로지나 서비스를 조합하여 현실에
적용할 수 있다.

064 | 스킬 숍(skill shop) 서비스

기술을 '면(面)'으로 구매하는 서비스

특정한 기술이 필요한 경우에 한 사람 한 사람을 면접해서 일을 맡기는 것이 아니라 누군가가 이쪽의 요구 사항에 따라 조직까지 해준다면 매우 편리할 것이다. 사람이 가진 기술 능력을 '점'이 아니라, 이를테면 면(面)으로 구입하는 서비스이다. 이른바 오픈 이노베이션이 진화한 형태라고 할 수 있다.

많은 기업에서 광범위하게 사용할 수 있는 기술을 제공할 수도 있고, 꽤 전문적인 기술을 제공할 수도 있다. 하지만 어느 쪽이든 일정한 기술을 제공하려면 정해진 기준에 따라 평가를 해야 한다. 그 지표로 국제적으로 인증해주는 자격시험을 실시할 수 있는데, 이렇게 되면 기존보다 훨씬 다양한 영역에서 기술 인증이나 자격 취득이 이뤄질 수 있다. 그리고 영리 기업이 아닌 전문 기술을 가진 사람들이 의견 교환을 위해 참가하는 비영리 조직이 '기술 능력을 면으로 알선'하기 위해 뛰어들 가능성도 있다.

065

의사 결정 지원 서비스

'결정하기' 위한 정보 정비 기반

기업 경영은 의사 결정의 연속이다. 결정하기 어렵다고 그냥 내버려둘 수는 없다. 따라서 '결정할 수 있는' 기업이 되려면 의사 결정에 필요한 정보를 정비하고 정리해둘 기반 서비스가 필요하다. 예를 들면, 정보에 리스크 정보가 있는데 종합 보고서에 리스크를 기재해야 한다. 검토해야 할 리스크 항목을 골라서 등록해두면, 그 리스크의 발생 여부를 판정할 수 있는 데이터를 집계해주는 것이다. 그리고 모인 데이터를 비즈니스 인텔리전스 툴에 넘겨 분석하면 된다.

앞으로는 이러한 데이터 수집과 툴의 제공, 때에 따라서는 분석 지원까지 모두 통합하여 서비스로 제공하는 사업자가 등장할 것이다. 비즈니스 모델에 따라 달라지겠지만, 서비스 단가를 내리기 위해 데이터를 익명화하고 사업자가 재이용하는 것을 인정한다면, 사업자는 각각의 데이터를 분석하여 충실한 리스크 데이터베이스를 만들 수 있다. 중장기적으로는 기존의 리스크 매니지먼트 컨설팅이나 전략 컨설팅 서비스의 일부를 대체할 수도 있다.

066

국제 법무 서비스

글로벌 법무를 AI로 지원

글로벌화가 진행되면서 나타난 성가신 문제가 있다. 바로 각국의 법률과 관련한 국제법을 이해하고 준수하는 것이다. 그저 '몰랐다'로는 해결되지 않기 때문에 기업들은 보통 글로벌 컨설팅 회사 또는 감사 법인의 도움을 받고 있다.

앞으로는 각국의 국내법과 국제법을 AI에게 학습시키고, 어떤 문제에 처했을 때 관련 법률을 찾아내는 서비스가 등장할 것이다. 게다가 인간 법무 담당자의 판단도 AI에 입력할 수 있다면, 어느 정도의 일차 판단은 AI로 처리할 수 있을 것이다. 현재 글로벌 법무가 필요한 기업은 일부의 대기업이다. 하지만 중장기적으로 볼 때, 중소기업이나 스타트업, 경우에 따라서는 개인이 직접 세계의 다양한 고객과 커뮤니케이션하게 될 것이다. 그

러므로 앞으로는 저가의 국제 법무 서비스에 대한 수요가 커질
것으로 예상된다.

5장 필자

간노 다케시
다카쓰 쇼고
다테노 히로유키
도쿠나가 다로
나카미치 다다시
미요시 사토시
야지마 노부유키
야마구치 겐

앞으로 10년 부(富)를 끌어당기는 100가지. 블루오션

6장

지속 가능한 사회를 위한 서비스;
사회문제, SDGs, ESG

067

회사 밖 커뮤니티 활동

활성화하고 지속시킨다

커뮤니티란 사람들이 모여 있는 것을 말한다. 모이는 이유는 같은 지역에 살거나, 같은 것에 흥미가 있거나, 가지고 있는 전문 기술이 같거나 등으로 다양하다. 고도성장 시대에는 업무 장소와 생활 장소의 분리, 도시 집중 등으로 그전까지 존재하던 커뮤니티가 약해졌다. 하지만 앞으로는 직장과 주거 시설이 가깝거나 지방이 활성화될 것이며, 직장을 뛰어넘은 전문가들끼리의 커뮤니티가 강화되고 또한 새롭게 그러한 커뮤니티를 만들려는

시장 개요
- 커뮤니티의 재확인
- 커뮤니티의 다양화
- 활성화와 지속을 위한 새로운 비즈니스

움직임이 일어날 것이다.

커뮤니티에는 다양한 종류가 있으며 중시하는 가치도 각각 다르다. 지방이라면 주민의 행복을 중시할 것이고, 전문가 집단의 커뮤니티라면 서로의 능력을 성장시키는 장소가 될 것이다. 만약 기업을 하나의 커뮤니티라고 본다면 그동안 기업은 성장과 이익 추구를 우선할 때가 많았다.

커뮤니티의 강화와 재활성화로 새로운 서비스에 대한 수요도 등장할 것이다. 커뮤니티에서 새로운 활동을 하게 되었을 때 팀으로 움직일 수 있게 돕거나 다른 커뮤니티와 연계해주는 서비스가 도움이 될 것이다. 사업을 시작하는 경우에는 'Business as a service'를 사용하는 것도 가능하다. 새로운 서비스는 커뮤니티 내의 비영리 단체가 서비스를 제공하는 측과 계약하여 제공할 수도 있고, 비영리 단체 스스로 서비스를 제공하는 주체가 될 수도 있다. 아니면 기업이 새로운 사업으로 직접 시작할 수도 있다.

지방의 경우에는 지자체, 비영리 단체, 스타트업, 지방 기업,

대기업 등이 서로 어떻게 연계하느냐가 중요한 열쇠가 될 것이다. 기존의 제3섹터 방식은 자칫하면 리더십 부재를 만들 수도 있다.

사회나 지방과 같은 커뮤니티에서는 안전 안심, 지속 가능성 같은 과제가 중요하다. SDGs나 기업의 ESG와 같은 주제이다. 커뮤니티를 유지하기 위해 기존의 구조를 폐지하거나 바꾸는 등의 고통스러운 시도가 있을 수도 있다. 기업도 사회나 지방이라는 커뮤니티와 계속 공존하려면 이러한 주제를 외면하지 말고 대처 방안을 마련해야 하며, 어쩌면 그 방안 자체가 새로운 시장으로 연결될 수도 있다.

068

천재지변 예보

동물, 곤충의 감지 능력 이용

과거 20년간 경제 손실액

시장 규모

330조 엔

출처: UNDRR

시장 개요

- 예보를 통해 대책을 마련하여 피해 축소 가능
- 동물, 곤충이 감지하는 특수 능력 이용
- 지진, 분화 등 예보가 어려웠던 영역에도 적용
- 지역별, 시간별 발생 확률 정보 제공

☐ 동물, 곤충의 감지력 센싱
☐ 데이터를 통계 분석하고 인과 관계 도출
☐ AI를 활용한 천재지변 발생 예측 모델

지진이나 쓰나미, 허리케인, 화산 분화 등 자연재해의 피해가 심각해지면서 대책에 대한 요구도 커지고 있다. 만약 '○○ 지방, ○시 ○분에 지진 발생'이라는 예보가 가능하다면 미리 대비할 수 있고 피해도 줄일 수 있다.

자연재해 예보는 아직은 어렵지만, 똑같은 자연 현상인 일기예보는 예측 기술이 눈에 띄게 발전하고 있다. 위성과 레이더 등을 사용하여 매일 강우량과 기온, 바람 등을 실시간으로 관측하여 방대한 데이터를 축적할 수 있기 때문이다. 이 빅데이터를 대형 컴퓨터로 분석하고 AI와 조합하면 예측의 정확성을 높일 수 있다. 하지만 천재지변은 발생 장소가 여기저기 흩어져 있고, 그 빈도도 제한적이다. 그래서 지진의 경우 센서 등으로 지각 변동을 파악하더라도 얻을 수 있는 데이터양이 매우 적다.

천재지변을 예측하는 중요한 데이터 후보 중 하나로, 천재지변을 감지하는 동물과 곤충만의 특별한 능력을 들 수 있다. 동물과 곤충 중에는 소리, 전자파, 냄새 등에 대한 감지 능력이 인간보다 훨씬 뛰어난 종이 있다. 그러한 동물과 곤충에 센서를 장착하여 천재지변이 발생하는 전후에 생기는 행동 변화를 감지한다면 천재지변을 예측할 수 있다. 센서의 소형화와 무선 통신 인프라가 지금보다 더 발달하여 수시로 관측이 가능해지면 많은 양의 데이터를 축적할 수가 있다. 그리고 그 데이터를 통계 분석하여 유의미한 인과 관계를 통해 예측 모델을 만들고 전 세계에서 모인 데이터를 입력하면 천재지변 예측 시스템이 정교해질 것이다. 이것을 바탕으로 앞으로 다가올 천재지변 발생률을 지역별, 시간별로 제공하는 것이다.

이러한 천재지변 발생 예측이 과연 가능할 것인지는 아직 과제로 남아 있지만, 예측이 가능하다면 이를 전달하는 방법에도 세심한 주의가 필요하다. 지진이나 화산 분화 등 중대한 천재지변의 발생률 정보는 전달하는 방법에 따라 사회적 공황 상태를 일으킬 수도 있기 때문이다. 현재의 '일기예보'와 같은 정확도까지는 아니더라도, 맞힐 확률이 어느 정도 된다면 '천재지변 예보'도 서비스로 제공할 수 있을 것이다.

069	무인 종합 시스템
	과제를 자동 추출, 대책도 자동으로

2030년 글로벌

시장 규모

100조 엔

닛케이BP종합연구소 추정

- 주민의 불안, 불만 등 파악
- 현장 상황에 적용할 정책 제안
- 교통에서 방범 방재로 확대

☐ 정책의 효과 측정과 피드백
☐ 정책을 데이터베이스로 삼아 최적의 정책 추출
☐ AI로 자동 판단

무인 종합 시스템은 사람들의 행동이나 SNS 등을 통해 불만과 불안, 인프라 가동 상황, 사건·사고의 발생 상황 등을 수집하고, 수집한 데이터를 통해 대책을 세워야 하는 문제가 무엇인지를 찾아내어 정책을 제안하는 시스템이다. 더 나아가 AI의 자동 판단에 따라 무인으로 정책을 시행하거나 조직을 운영하는 시스템도 가능하다. 국가나 지역 등에 그치지 않고 기업이나 조직, 학교 등에서도 소규모로 도입할 수 있다.

이 시스템은 행정, 통치와 관련된 몇 가지 분야에서 먼저 시작할 수 있다. 이를테면, 도로 교통 등의 모빌리티 분야가 있다. 도로의 혼잡도, SNS 사용, 차량의 행동 등에서 심각한 정체, 사고 등의 위험을 미리 알아차리고 신호를 조정하거나 정보를 전달하여 대처하도록 하는 것이다.

나아가 이 시스템을 통해서 위험 빈도가 높을 경우에는 도로 개보수 공사 등의 정책을 제안할 수도 있다. 자율 주행 차의 증가에 따라 전체적으로 최적의 흐름을 유지할 수 있도록 각 차량의 속도나 진행 방향 등을 제어할 수도 있다. 이 방법이 도입되면 재해가 생겼을 때 피난을 유도하고, 긴급 차량의 차선을 확보하는 것도 쉬워질 것이다.

이어서 범죄와 재난 예방, 교육 등의 분야에서도 이 시스템을 도입하는 등 적용 가능한 영역이 점점 더 확대될 것이다. 도입 범위도 국가나 지방 자치 단체 등의 행정 기관뿐만 아니라 기업이나 단체 등 조직 전반으로 넓어질 것이다. 동시에 국내외의 사례 등을 데이터베이스화하여 상황에 맞는 해법을 제언하는 기능도 강화될 것이다. 따라서 최종적으로는 이러한 시스템이 행정, 통치와 관련된 거의 모든 영역에서 위험 요소와 주민의 불평, 불만을 파악하여 최적의 정책을 제언하는 역할을 하게 될 것이다.

평상시에는 이러한 통제 시스템을 행정 기관에서 보조적으로 사용하다가, 재해나 전쟁 등의 긴급 상황에서는 거의 무인으로 운용할 수 있을 정도로 기능을 강화할 것이다.

**2030년
일본의
농수산물 ·
식품 수출액**

시장 규모

5조 엔

출처: 농림수산성

SDGs는 지속 가능한 사회를 위해 2030년까지 달성해야 하는 열일곱 가지의 목표로, 지방을 활성화하는 데도 중요하다. 일본 정부는 전국에서 SDGs 미래 도시를 선정한 후 몇 가지의 사업

☐ 지속 가능성 인증
☐ 스마트 기술 · IoT · AI
☐ ESG 투자와 융자

모델을 후원하고 있다.

지방에는 인력은 물론 숲, 마을, 강, 바다 등 풍부한 자연 자본
이 있다. 자연 자본을 활용하고 국제 경쟁력이 있는 농수산물을
만들 수만 있다면 수출로 연결할 수도 있다. 이때 중요한 것이
지속 가능성 인증이다. 지속 가능성을 배려하여 만든 농수산물
이라는 사실을 인증받으면 서양에 판매하기도 쉬워진다.

그리고 SDGs와 지방 활성화를 위해서는 5장에서 소개한 '애
그테크'처럼 IoT나 AI, 드론을 사용하거나 환경을 배려하는 등
농업과 수산업을 효율적으로 만들어야 한다. 이는 지방의 고령
화 문제를 해결하는 방법이 될 수도 있다. SDGs와 ESG를 내세
워 지방으로 투자를 이끄는 것도 필요하다. SDGs 기여 사업에
뛰어드는 지역 사업자에게 우선으로 대출을 해주는 지역 금융
기관도 생길 수 있다.

071 | SDGs에 지역 포인트 활용

지역 내 소비를 늘리고 사회, 환경, 경제와 연동

지역 안에서만 사용하는 포인트 서비스를 도입하여 지역의 사회 문제나 환경 문제 등을 해결하는 데 도움이 되는 활동에 포인트를 줄 수 있다. 이 포인트는 지역에서 일종의 화폐처럼 이용하게 하고, 지역 사람들뿐만 아니라 내국인 여행자를 포함한 모든 여행객에게 포인트를 쌓도록 적극적으로 유도한다. 포인트를 숙박이나 식당에서 사용하게 한다면 지역의 소비를 늘려서 사회, 환경, 경제 세 가지를 함께 활성화할 수 있을 것이다.

앞으로 10년 부(富)를 끌어당기는 100가지 블루오션

폐업 예비군 중소기업

시장 규모

약 **127** 만 개

(일본 기업의 약 3분의 1)

출처: 경제산업성

시장 개요

- 후계자의 부재로 폐업 급증
- M&A 가능한 회사는 한정적
- 회사 폐업에 대한 수요 증가

손수 키운 회사를 어떻게 정리해야 할까? 중소기업의 대규모 폐업 시대가 오면, 사업을 접는 것을 도와주는 세심한 지원 서비스가 활성화될 것이다. 폐업이 늘어나는 배경에는 먼저 의식의 변화가 있다. 가업을 잇는다는 의식이 옅어지면서 자식은 부모처럼 고생하고 싶어 하지 않고, 부모는 자신이 한 고생을 자식에게 물려주고 싶어 하지 않는다. 직원 중에 후계자를 뽑기도 쉽지 않다. 금융 기관에서 대출을 받을 때 필요한 개인 보증 때문에 주저하는 경우가 많기 때문이다. M&A는 중소기업에 그리 낯선 일은 아니지만 매각할 만한 사업이 있는지, 살 만한 회사가 있는지도 불투명하다.

이렇게 경영자들은 시간이 갈수록 좋든 싫든 폐업의 길을 선택하게 될 것이다. 그리고 남은 직원들의 구직 문제나 퇴직금, 거래처 조정 문제, 사무소나 공장 등 부동산 처분, 친족끼리의 재산 분배 등 처리해야 할 문제만 쌓이게 될 것이다. 거기다 폐업을 결정하지 못하는 사이에 건강이 악화되거나 사망하기라도

하면 유족에게 폐업 관련 부담이 넘어가게 된다.

모든 문제를 해결하기 위해서는 세무나 부동산, 인력 서비스 등의 전문 지식이 필요하다. 아직 원스톱으로 제공하는 기업은 거의 없는데, 경영자나 가족의 입장에서 보면 세심하고 확실한 지원을 제공하는 곳에 의지하고 싶어진다.

기업의 성장을 지원하는 것뿐만 아니라 이제 회사를 정리하는 것을 도와주는 것도 훌륭한 비즈니스다. 지역 경제의 혼란을 막는 것과도 연결되기 때문에 지역에 공헌한다는 생각으로 뛰어들어도 좋다. 이 서비스의 제공자는 어떠한 형태로든 협업을 하게 될 것이다. 개별적으로 기업과 일을 하던 변호사, 변리사, 세무사 등이 서로 연계하여 일을 하거나, 상공회의소를 중심으로 협업이 이루어질 수도 있다. 그리고 오랜 기간의 거래를 통해 경영자와 회사를 잘 알고 있는 지방 금융 기관과 협업도 할 수 있다. 무엇보다 중요한 것은 경영자와 잘 맞춰가는 태도이다. 그저 해당 분야의 전문가로서 조언하는 것이겠지만, 말하는 방법에 따라 경영자가 반발하거나 방황할 수도 있다.

마을 정리 컨설팅

콤팩트 시티로 이동시키기

농촌 인구가 도시로 계속 빠져나가면서 지방 자치 단체에 상하수도나 도로 등의 인프라 부담이 늘고 있다. 인구가 계속 줄고 있는 상황에서 지방 자치 단체의 시급한 과제는 콤팩트 시티 Compact City로 이동하는 것이다. 그래서 일부 지방 자치 단체에서는 일부러 '비거주 구역'을 정하여 어느 정도의 용지를 확보하고, 기업이나 낙농업 유치 등을 시도하기도 한다. 안타깝지만 참여자가 없을 경우에는 자연 상태로 두어야 할 수도 있다.

'비거주 구역'을 만들려면 지금까지 그 구역에 살고 있던 사람들의 동의를 얻어 다른 지역으로 이주시켜야 한다. 동의를 얻으려면 세심한 배려와 이사 후의 사후 처리도 중요하다. 동시에 처리해야 할 행정 문제 등도 있기 때문에 이를 전문으로 해줄

'마을 정리 컨설턴트'가 등장할 것이다. 파생 업무로 '본가나 무덤 정리' '빈집 보험' 등도 등장할 수 있다.

비거주 지역의 후보가 될 곳은 토사 붕괴, 홍수, 쓰나미, 지진 등의 재해 피해가 예상되는 지역이다. 일본 정부와 광역 자치 단체는 과거의 재해 이력 등을 분석하여 위험 지역을 지정하고 해저드맵^{재해예측도}으로 공표하고 있다. 만약 이런 지역이라면 주민의 동의를 얻기도 쉬울 것이다.

도시 계획 전문가들은 마을 만들기에 적극적인 지역으로 주변 주민의 이주를 유도하고, 콤팩트 시티가 되도록 모색하는 방법을 제안하고 있다. 행정 기관에서 일방적으로 선정하여 발표하는 것이 아니라, 많은 사람이 긍정적으로 받아들이고 움직여야 주민의 행복 지수도 높아질 것이다.

소규모 영업장small concession은 인구 20만 명 미만의 지방 자치 단체 등이 운영하는 사업을 가리킨다. 지방 자치 단체가 소유한 설비나 시설을 사용하여 지역의 민간 기업이 사업을 할 수 있도록 돕는 것이다. 기존의 지정 관리자 제도와 달리 사업자 측의 자율성이 좀 더 높은 것이 특징이다. 여기서 말하는 영업장이란 특정 지역이나 시설에서 운영자가 다른 기업에 사업의 권리를 주는 것이다. 쉬운 예로 야구장의 음식점을 들 수 있다.

일본 정부는 지방 활성화를 위해 이 영업장 사업을 추진하고 있으며, 지역 기업을 끌어들여 2022년까지 7조 엔 규모로 성장시키겠다는 목표를 내걸고 있다.

사업장뿐만 아니라 이 사업을 지원하는 활동 또한 사업이 될 수 있다. 각지의 사례를 소개하고 지방 정부와 주민들 간에 대화 자리를 만드는 등의 활동을 통해 지방 공공 단체에서 사업을 도입하도록 동기를 부여할 수도 있다.

075

친환경 목조 건축

임업, 건설업, 부동산업이 크게 바뀐다

2030년

2조 엔

야노경제연구소가 2020년도
비주택 목조 시장 규모 예측
7,953억 엔을 바탕으로
닛케이BP종합연구소 추정

시장 개요

- 일본산 목재 활용
- CLT 등 새로운 목질 구조 재료의 보급
- 중대규모 목조 건축의 기술 혁신
- 공립 건축물 등에 적용된 목재이용촉진법의 민간 파급
- 건축기준법의 개정으로 목조화 촉진

- ☐ SDGs 목표 달성에 공헌
- ☐ ESG를 중시한 투자와 융자
- ☐ 관련 활동가 육성
- ☐ 삼림환경세의 활용

2030년에는 목조 건축 시장이 크게 성장할 것이다. 지금까지 철근 콘크리트나 철골로 건물을 만들었지만, 그러한 건물을 다시 지을 때는 목조 건축이 새로운 선택지가 될 수 있다. 목조 건축이 주목받는 이유에는 몇 가지가 있다.

우선, 국산 자원인 목재를 활용할 수 있다. 건축은 시장이 워낙 거대한데 이곳에서 목재를 사용하면 임업이 새로운 성장 산업으로 떠오를 것이다. 또 다른 이유는 중대형 규모의 목조 건축 기술이 빠르게 발전하고 있다는 점이다. 해외에서는 고층의 목조 건축물이 속속 들어서고 있다. 판자의 섬유 방향을 직각으로 교차하여 강도를 높인 CLT^{직교집성판}라는 새로운 목질 구조 재료도 보급되기 시작했다.

목재는 탄소의 활성화를 막을 수 있기 때문에 지구온난화를 막는 데도 도움이 되며, SDGs의 시도라는 점에서도 기대해볼 만하다. ESG를 중시한 투자와 융자의 대상도 될 수 있다. 그리고 가장 중요한 이유는 목조 건축물 주변에 사는 사람들이나 직접적인 이용자들의 만족도도 높을 거라는 사실이다. 목조 건축은 마음을 편안하게 해주고 친환경적이기 때문이다.

일본 정부는 2019년에 삼림경영관리법, 삼림환경세를 만든 것 외에도 공립 건축물 등에 목재이용촉진법을 적용하여 민간 파급 효과를 기대하고 있다. 또한 건축기준법 개정으로 목조 건축이 활성화되기를 바라고 있다. 삼림환경세는 2014년부터 주민세에 덧붙여 한 사람당 1,000엔을 징수하고 있다. 그렇게 징수한 삼림환경세는 삼림환경양도세라는 이름으로 사유림과 인공림의 면적, 임업 취업자 수, 인구 비율 등에 따라 각 지자체에 배분하고 있다. 산간 지역에서는 삼림 정비의 촉진, 도시에서는 목재의 다양한 활용과 보급 방안 계발 등을 기대할 수 있다.

그런데 여기서 중요한 것은 인구가 많이 밀집해 있는 큰 도시의 지방 자치 단체이다. 앞으로 도시에 목조 건축이 확대된다면 목재 수요가 증가할 것이고, 산간 지역에서는 나무 공급을 늘릴 것이다. 그러면 나무를 심고 키우고 벌채하고 또다시 심는 순환형 삼림 사이클이 구축될 수 있다.

목조 건축의 성패를 좌우할 열쇠는 목조 건축을 실행할 주체를 키워내는 데 있다. 환경 문제나 노동 환경에 신경 쓰는 기업, 이런 데 관심이 있는 임차인의 요구에 부응한 부동산 회사 등이 목조 건축에 뛰어들 것이다. 그러므로 건설사나 설계사무소는 목조 건축에 대한 기술력을 서둘러 축적해야 한다.

076

노후 주택 리모델링

2030년에는 준공 30년 이상의 아파트가 1,600만 개

앞으로 노후 아파트의 부가 가치가 증가할 것이며, 노후 아파트를 리모델링하고 관리하는 비즈니스가 성장할 것이다. 일본에서는 2030년이 되면 준공 30년 이상의 아파트가 1,600만 개, 40년 이상의 아파트가 1,000만 개에 달할 것으로 보고 있다. 이렇게 노후화된 아파트를 어떻게 할 것인가는 큰 사회 문제가 될 것이다.

 점점 나이가 들 집주인들이 여기에 적절히 대처하기는 어렵다. 그러므로 지역 전체가 아파트의 가치를 높이고, 여러 아파트가 협력하여 노후화된 아파트를 효율적으로 고쳐나가야 한다. IT를 활용하여 노후화된 아파트를 합리적으로 정리하는 비즈니스가 국가의 지원을 받아 급성장할 것이다.

또한 아파트 이외에 단독주택의 빈집 문제도 해결해야 한다. 저출산 고령화에 따라 세대수가 감소하면서 2030년에는 도쿄에만 빈집이 975만 개에 달할 것으로 예상하고 있다. 또한 범죄 증가, 화재의 대량 발생 등도 우려되는 상황이다. 빈집 순찰과 보호, 유지 관리 서비스가 새로운 시장으로 태어날 것이다.

순환 경제circular economy는 종래의 폐품 재활용이나 친환경적인 시도를 포괄한다. 그런데 폐기물이나 쓰레기를 처리하여 '효율'을 올리는 것에 그치지 않고, 가치가 높은 상품이나 제품을 영구적으로 사용하는 '효과'를 노린다는 점이 다르다.

글로벌 컨설팅 업체인 엑센추어는 순환 경제로 2030년까지 4조 5,000억 달러의 이익을 거둘 수 있다고 하였다. 동시에 120개 이상의 회사를 분석하여 이익이 예상되는 비즈니스 모델을 다음의 다섯 가지로 분류하였다.

첫 번째는 '재생형 공급'이다. 반복해서 재생이 가능한 원재료, 또는 생물 분해가 가능한 원재료를 사용하는 것이다. 두 번째는 '회수와 재활용'이다. 지금까지 폐기하던 것을 다른 용도로 활용하는 것이다. 세 번째는 '제품 수명의 연장'으로, 제품을 회수하고 보수, 개량을 통해 수명을 늘리는 것이다. 네 번째는 '공유 플랫폼'이다. 사용하지 않는 제품을 대여하거나 공유, 교환하는 것이다. 마지막은 '서비스 제품'으로, 제품이나 서비스를 이용한 만큼만 돈을 내는 것이다. 물론 자원이나 폐기물을 회수하고 중간 처리하는, 이른바 정맥 산업은 지금보다 더 중요한 역할을 담당하게 될 것이다. 어쨌든 지금보다 더 강하게 동맥 산업과 연계하게 될 것이며, 그 지점에서 새로운 비즈니스의 창출도 기대해볼 수 있다.

	집 안 가재도구의 IoT
078	환경과 자산 보호를 위해 가재도구를 평생 관리

시장 규모

2030년
6,500
억 엔

시장 개요

- 영구 소비재의 IoT 관리
- 집 안에서 사용하는 가재도구로 환경은 물론 자신 지키기
- 적정 생산과 재사용으로 생산재 보전
- 재사용 시장의 활성화 등으로 적정 가격 보전

의자의 가죽 일부가 낡아서 버렸다. 튼튼하고 큰 서랍장이지만 이사 갈 집에 놓을 곳이 없어서 버렸다. 식구가 줄어서 불필요한 식기를 재활용 센터에 보내려고 했지만 사용한 식기는 받지 않는다고 해서 버렸다.

이래서는 목재 등 생산재의 과잉 소비나 폐기할 때 드는 환경 부담 문제를 해결할 수 없다. 소비자 사이에 직거래나 재활용 가게가 늘어나고 있지만, 확실히 재사용된다는 보장이 없기 때문에 헐값에 매매되는 경우가 많다. 그리고 이렇게 되면 원래의 가치도 사라지게 된다. 예를 들어, 유족이 유품에 대해 잘 알지 못하면 애호가들 사이에서는 큰돈을 내도 손에 넣을 수 없었던 빈티지 물건이 폐기 처분될 수 있다.

앞으로는 반영구적으로 이용할 수 있는 제품은 적절한 시기에 적절한 요금으로 관리해주는 시스템이 생길 것이다. 적절한 상대에게 적정 가격으로 제공하여 재사용할 수 있게 한다면 버려질 일은 없다. 이것을 실현하는 것이 가재도구의 IoT다.

우선, 가전 · 가구 · 집기 · 의류 등 모든 가재도구에 마이크로 IC 태그를 붙여서 소유자와 회사, 서비스 업자 등이 관리 데이터를 파악할 수 있게 만들어야 한다. 그러면 보증과 수리, 매각, 처분 등도 적절하게 할 수 있다. 제품을 만든 회사나 판매점 같은 제공자도 데이터를 갖게 되므로 소유자는 제공자 측으로부터 관리 정보 등을 받아 적절한 시기에 손을 쓸 수 있다. 재사용을 원하는 사람들에 대한 정보도 알 수 있어서 적절한 시기에 재사용 시장에서 판매도 할 수 있다.

제품이 매매된 후에는 소유자가 가지고 있던 데이터는 새로운 소유자에게 넘어가고, 판매점의 데이터는 재사용 사업자에게 이동한다. 제품 회사는 해당 가재도구가 폐기 처분될 때까지 데이터를 계속 참조하면서 적절한 관리 시기 등을 새로운 소유자에게 전달한다.

2030년까지

600

억 달러

시장 규모

출처: 미국 매켄지&컴퍼니

시장 개요

- 세계 각국의 연이은 일회용 금지
- 생분해성 플라스틱으로 전환
- 개발도상국에 재활용 시스템 판매

□ 사용량을 줄이는 기술 개발
□ 생분해성 플라스틱 비용의 저감
□ '종이'의 복귀
□ 폐플라스틱의 재활용 시스템

빨대나 비닐봉지 등 대량으로 버려지는 플라스틱 제품 때문에 해양 오염이 심각해지고 있다. 해양 오염은 지구온난화 다음으로 지구에 치명적인 제2의 위협이다. 이미 맥도날드나 스타벅스 같은 대기업에서는 플라스틱 빨대를 없앴고, 비닐봉지 등 일회용 플라스틱을 쓰지 않는 움직임이 세계 각지에서 일어나고 있다. 이 문제에 뛰어드는 것은 지구적 문제의 해결이자 거대한 비즈니스이기도 하다.

우선, 기존의 플라스틱 사용량을 줄일 새로운 테크놀로지의 수요 증가에 맞춰 관련 시장이 확대될 것이다. 생분해성 플라스틱, 바이오 플라스틱을 개발하고 그쪽으로 전환하려는 움직임이 일고 있다. 생분해성 플라스틱은 미생물과 산소를 통해 물과 이산화탄소로 분해되는 것이고, 바이오 플라스틱은 석유가 아니라 사탕수수 등 바이오매스^{재생 가능한 유기물 자원}를 원료로 한 것이다. 사람들은 이것들이 해양 오염을 해결할 수 있을 거라고 기대하고 있다. 하지만 문제는 생분해성 플라스틱과 바이오 플라스틱 모두 대량으로 생산할 경우 어떻게 생산 비용을 줄이느냐이다.

다음으로는 폐기되는 플라스틱을 관리하고 재활용하는 시스템 관련 시장이 확대될 것이다. 특히 개발도상국에 재활용 시스템을 판매하는 시장이 생길 것이다. 시스템뿐만 아니라 플라스틱 폐기 시스템을 제도로 만들고 재활용 분야를 맡을 사람을 육성하는 것까지 통합하여 제공할 수 있다.

또한 종이로 만든 봉투나 용기, 접시의 이용이 증가할 가능성도 있다. 일회용 물건과 같은 차가운 디자인이 아니라 대나무나 사탕수수 섬유를 이용한 고급스러운 식기를 개발하여 좋은 평가를 얻고 있는 예도 있다.

080	## 카본 재활용
	보급을 앞두고 있지만 비용 줄이기가 관건

시장 규모

2030년 글로벌

2억 톤

CO₂를 재이용(CCU)

출처: 후지경제

CCU: Carbon capture and utilization

시장 개요

● 배기가스 중의 이산화탄소로 연료, 소재 만들기
● 일본 경제산업성은 2030년쯤부터 보급될 것으로 예상

□ 저비용으로 실현하는 기술 개발
□ 저가로 수소를 대량 공급

카본^{Carbon} 재활용이란 발전소나 공장, 정유나 가스 시설 등의 배출 가스에 들어 있는 이산화탄소를 자원으로 파악하여 재이용하는 것이다. 예를 들면 이산화탄소에서 도시가스의 원료인 메탄을 제조할 수 있다. 이러한 연료 이외에도 화학품이나 광물을 만드는 기술 개발도 진행되고 있다. 일본은 석유 등의 화석 자원을 수입하여 연료와 화학품을 제조해왔는데, 카본 재활용이 실현되면 화석 자원의 수입이 줄어 자원의 해외 의존도를 줄일 수 있을 것이다.

일본 경제산업성은 2019년 6월, 『카본 재활용 기술 로드맵』을 책정하고 후원을 진행하고 있다. 이 로드맵에 따르면, 이산화탄소 재활용으로 얻은 연료, 화학품 등을 2030년 무렵부터 보급하는 것을 목표로 하고 있다.

카본 재활용은 '산업화 이전 수준 대비 지구 평균 기온 상승을 2℃ 미만으로 줄인다. 거기에 더해 평균 기온 상승 1.5℃ 미만을 목표로 한다'라는 파리 협정의 목표에도 부합한다. 카본 재활용은 이산화탄소의 발생 자체를 줄인다. 이산화탄소를 분리하여 땅이나 바다 밑에 고정^{CCS}하는 시도에 더해 이산화탄소를 아예 자원으로 이용하는 것이기 때문에 점점 기대가 높아지고 있다.

문제는 저비용으로 재활용이 가능한 테크놀로지를 만들어내는 것이다. 지금은 이산화탄소를 사용한 메탄 제조 비용이 도시가스를 만들 때의 10배에 이르고 있다. 2030년에 상용화되려면 현재의 도시가스 제조와 비슷한 수준으로 내려가야 한다. 이산화탄소를 메탄 등의 연료나 화학품 등으로 재활용하기 위해 꼭 필요한 것이 수소다. 비용 절감과 온난화 방지를 동시에 잡으려면, 재생 가능 에너지나 원자력 발전 같은 이산화탄소 제로의 전기로 만든 수소를 저렴한 비용에 대량으로 구해야 한다. 카본 재활용의 시장성은 수소 공급 체제를 구축할 수 있느냐 마느냐에 달려 있다.

이산화탄소로 만드는 플라스틱인 폴리카보네이트, 이산화탄소를 흡수시켜 효율적으로 키운 미세조류를 사용한 바이오 연료 등도 상용화를 기대해볼 만하다. 하지만 이것들도 기존 제품과 비용이 비슷해지려면 2030년 무렵은 되어야 할 것이다.

식품 폐기는 현재 연간

시장 규모

약**13**억톤

출처: UN 세계식량계획, SDGs

2030년까지 반으로 줄일 것

시장 개요
- UN, 정부가 식품 폐기량을 반으로 줄일 계획
- 관계자의 역할 명확

□ 유통기한을 늘리는 용기와 포장
□ 수요 예측의 정확성을 높여 남는 음식 줄이기
□ 남은 물건을 유통, 이용하는 앱
□ 바이오가스 발전 등의 에너지로 이용

식량이 부족한 국가와 지역이 있는가 하면, 선진국에서는 식품을 먹지 않고 버리는 것이 큰 문제가 되고 있다. 이에 UN과 일본 정부는 2030년을 기준으로 식품 폐기량을 반으로 줄이는 계획을 내세우고 있다.

2016년 1월에 발행한 SDGs의 「타깃 12.3」에는 2030년까지 소매와 소비 단계에서 세계 전체 인구 한 사람당 음식물 폐기를 반으로 줄여야 한다고 하였다. 일본 정부는 2018년 6월에 발표한 '제4차 순환형 사회 형성 추진 기본 계획'에서, 2030년도에는 가정의 식품 폐기량을 2000년도의 절반으로 줄이기로 했다. 또한 2019년 7월에 공포된 '식품재활용법 기본 방침'에서는 서플라이 체인 사업 역시 전체 식품 폐기량을 2030년도에 2000년의 반으로 줄이겠다고 표명했다. 그리고 식품 폐기 줄이기를 대대적으로 추진하기 위해 2019년 5월에는 '식품폐기삭감추진법'을 만들고, 국가와 지방 공공 단체, 사업자의 책임과 소비자의 역할을 명확하게 담았다.

그런데 이렇게 방침은 나와 있어도 실행하려면 실천할 수 있는 구체적인 방안을 내놓아야 한다. 예를 들면 유통기한을 늘릴 수 있는 용기나 포장을 만들어 음식을 버리지 않게 하는 것이다. 아니면 식품 수요 예측 시스템의 정확성을 높여서 팔다 남는 음식이 없도록 미리 방지하는 방법도 있다. 유통기한이 거의 다 된 식품을 소비자가 구매할 수 있도록 유동적으로 가격을 바꾸거나 포인트를 주는 것도 방법이다. 어쩔 수 없이 팔다 남은 식품이나 유통기한은 지났지만 품질에 문제가 없는 식품을 유통, 소비할 수 있는 구조도 마련해야 한다. 예를 들어, 스마트폰 앱과 인터넷 쇼핑몰 등을 통해 저렴하게 판매하는 것이다. 또한 폐기된 식품을 사용하여 바이오가스를 만드는 등 에너지로 이용하는 것도 생각할 수 있다.

082 에너지 집적화

용도와 이용자에 따라 최적의 자원을 고르고 조합하기

에너지 집적화^{energy integration}는 에너지 자원, 용도, 이용자에 따라 종류는 물론, 조합 방식도 다양하다. 에너지 자원으로는 석탄, 수력, 석유, 천연가스, 핵연료, 풍력, 태양광 등이 있고, 용도로는 공장이나 교통기관, 자동차, 가전이 있으며 이용자에는 공공, 기업, 가정 등이 있다.

이산화탄소 발생을 억제하기 위해서는 유한한 에너지 자원을 절약하고 재생 가능한 에너지를 적극적으로 이용해야 한다. 이때 용도와 이용자에 따라 최적의 자원을 고르고 조합해야 한다. 그리고 이러한 에너지 집적화가 새로운 사업의 기회가 될 수 있다.

최근 주목받는 것 중에 하나는 '섹터 커플링^{sector coupling} 비즈니스'이다. 전력 섹터의 전력을 히트펌프를 이용하여 열로 변환한 다음, 열이 필요한 섹터에 공급하는 것이다. 최근 변동하기 쉬운 재생 가능 에너지가 증가하고 있는데, 커플링을 이용하면 일단 재생 가능 에너지를 축전지 등에 저장해둘 수 있다. 그리고 이후에 여러 개로 나뉘어 있는 축전지를 네트워크로 연결하여 마치 발전소처럼 운영할 수 있다. 이것을 VPP^{가상 발전소}라고 부르는데, 최근 커플링이 주목받는 이유이다.

또한 자동차와 가정의 섹터를 합쳐서 최적으로 이용할 수도 있다. 야간에는 저렴한 가격으로 전기 자동차^{EV} 축전지에 전기를 공급하고, 낮에는 가정에서 사용하는 것이다. 자동차^{Vehicle}에서 가정^{Home}으로 공급하는 것이라서 V2H라고도 부른다.

에너지 자체를 커플링하는 것은 아니지만, 복수 섹터에 걸쳐 있는 비즈니스는 이외에도 여러 가지가 있다. 예를 들면, 전기 자동차 충전과 관련한 서비스다. 자동차 회사와 연계하여 전기 자동차 축전지의 충전율^{SOC}을 표시하거나, 최적의 충전 스테이션으로 유도하거나, 모은 빅데이터를 보험 회사에 판매하는 것도 가능하다.

종합 에너지 시장

도매, 직거래 시장이 움직이기 시작한다

에너지가 다양화되고 자유화되면서 에너지 도매 시장에서 선물이나 선도 시장이 나타날 것이다. 이러한 도매 시장은 서양에서 먼저 시작되었다. 하지만 일본도 LNG^{액화천연가스} 최대 수입국이라는 강점을 살려 선물 시장 등이 움직이고 있다. 발전 연료인 LNG와 전력 자체의 거래가 일본 내에서 시작되면 매매 시장이 활성화될 것이다.

한편, 블록체인과 같은 테크놀로지를 사용하여 전력 회사를 통하지 않고 수요자들끼리 전력 등을 거래하는 움직임도 나타날 것이다.

2040년 글로벌 재생 가능 에너지

시장 규모

100조 엔
증가
(2016년 대비)

출처: 세계 에너지 아웃룩 2017(IEA)

시장 개요
- 파리 협정에 따라 각국이 스스로 목표 달성을 지향
- 세계의 전력 수요 150조 엔 증가
- 증가분 중 3분의 2가 에너지 절약 전력
- 원가 제로 전력 등장

앞으로 10년 부(富)를 끌어당기는 100가지 블루오션

□ 각국 정부의 온난화 방지 정책
□ 에너지 절약 발전 투자와 자금 조달
□ ESG 기업 등 에너지 절약 수요의 개척
□ 분산 전원을 사용한 전력 유통 시스템

파리 협정으로 세계 각국은 이산화탄소를 줄이기 위해 재생 가능 에너지 사용을 늘려가고 있다. 2040년에는 글로벌 연간 전력 수요가 2016년보다 150조 엔 늘어나고, 그 3분의 2가 재생 가능 에너지로 채워질 거라고 예측하고 있다. 즉, 재생 가능 에너지가 대략 100조 엔 증가하는 것이다. 이것은 각국이 스스로 목표를 달성하도록 하는 '신정책 시나리오'에 맞춘 예측치다.

각국 정부의 온난화 방지 정책은 계속될 것이다. 재생 가능 에너지를 사용한 발전 시스템에 대한 투자도 더욱 가속화될 것이다. 기업은 SDGs나 ESG의 관점에서 재생 가능 에너지를 이용해갈 것이다. 예를 들면, 서양의 대형 금융 기관에서는 이산화탄소 배출이 많은 석탄 등의 화석 연료나 화력 발전 관련 사업에서 자금을 회수하는 다이베스트먼트divestment: 투자 회수의 움직임이 눈에 띄게 늘어나고 있다. 자금의 흐름이 화석 자원에서 재생 가능 에너지로 일제히 이동하는 게 최근 2, 3년간의 큰 흐름이다.

이러한 재생 가능 에너지의 수요를 확실히 개척하고 시장을 확대해 나가려면, VPP처럼 분산 전원을 사용하여 수요자에게 안정적으로 전력을 공급하는 유통 시스템을 개발해야 한다. 여기에서도 신규 비즈니스가 생겨날 수 있다.

2040년에는 일본에서도 원가 제로 전력이 대량으로 나올 것이다. 원가 제로 전력이란 설비를 설치하고 나서 고정 가격 매입 제도FIT 기간이 완료되었거나, 고정 비용을 모두 회수한 태양광 발전, 풍력 발전 등의 재생 가능 에너지 전력을 가리킨다. 설비 투자 회수가 끝나고 연료비도 생기지 않는 저렴한 전력은 전력 시장과 비즈니스를 과연 어떻게 바꿀까? 예측이 쉽지는 않지만 아마도 전기의 판매 방식이나 전력 비즈니스의 형태를 크게 바꿀 것이다. 현재는 이러한 일이 일어날 것을 고려하여 새로운 에너지 서비스를 모색하는 단계이다.

085	직류 테크놀로지
	스마트 시티에 필수

2030년

3조 엔

증가

시장 규모

닛케이BP종합연구소 추정

시장 개요
- 재생 가능 에너지의 고효율화
- USB 콘센트의 보급
- 신흥국이 최신 인프라로 도입
- 게임 체인징 테크놀로지

지금까지 교류^{AC}였던 전력의 배전망이나 급전망을 직류^{DC}로 바꾸어 효율성을 높이려는 움직임이 세계적으로 활발해지고 있다. 그 배경에는 재생 가능 에너지의 급속한 보급이 있다. 태양광 발전 시스템이 발전할 때 직류 전력을 만들어내고, 잉여 전력의 자가 소비 대상으로 설치한 축전지도 직류 전력을 이용하면서 직류 전력의 이점이 주목을 끌고 있다.

수요 쪽에서도 컴퓨터나 텔레비전, 게임기 등 전자 기기 대부분이 직류로 움직인다. 전력을 많이 소비하는 모터나 컴프레서를 사용하는 에어컨과 청소기, 세탁기를 비롯하여 효율화 규제가 강화되고 있는 산업용 모터에도 인버터 탑재가 진행되어, 직류 전력을 고주파의 교류 전력으로 변환하여 사용하고 있다.

현재 교류 전력망은 발전원에서 기기까지 여러 번 전력 교환을 하면서 손실이 발생한다. 그래서 직류로 발전한 전력을 그대로 이용하는 편이 훨씬 효율적이다.

해외에서는 직류 배전을 게임 체인징 테크놀로지로 보고 사업을 확대하려는 기업이 나오기 시작했다. 영국의 엔지니어링 회사인 아럽은 '거의 모든 전자 기기가 직류 전력으로 움직이기 때문에, 모든 것을 직류 급전, 배전해도 문제가 없다'라는 보고서를 발표했다. 일본의 미쓰비시 전기도 '2030년에 직류 송전 시장이 1조 5,000억 엔으로 확대될 것'이라고 보고하면서 관련 분야 사업에 참여하고 있다.

방대한 전력을 소비하는 데이터 센터에서는 이미 직류 시스템을 도입하고 있다. 네덜란드에서는 직류 급전, 배전의 도입 사례로 LED 조명을 사용한 가로등을 전체 240킬로미터의 도로에 설치했다. 신흥국에서는 태양광 발전과 축전 장치를 조합하여 직류 전력을 그대로 주거 지역의 전자 기기에 공급하는 'DC 마이크로 그리드'를 도입하고 있다.

앞으로는 지역 전력망의 직류화뿐만 아니라 전기 자동차를 포함한 전동화된 이동체의 그리드 접속이 가능해질 것이다. 그리고 스마트 시티를 구상할 때에도 전력 시스템의 최적화가 필요할 것이다. 직류 시스템 하드웨어를 준비하는 것뿐 아니라, 서비스를 포함한 비즈니스 모델을 어떻게 구축할 것인가가 열쇠이다.

시장 규모

2024년 글로벌

45억 달러

출처: 세계 에너지 아웃룩 2017(IEA)

시장 개요

- 분산 에너지 자원의 네트워크화
- 에너지 분산 시대의 중요 기술
- 서양에서 시작한 후 일본에서도 시장 확대

□ IoT 시스템 개발력
□ 수요자의 요구 분석
□ 복수의 수익원 확보

VPP^{가상 발전소}는 분산 에너지 자원^{수요자 설비 등에 설치한 태양광이나 축전지 등}을 IoT로 네트워크화하여, 발전소 하나와 함께 운용하는 솔루션이다. 에너지 시스템이 대규모 집중형에서 분산형으로 옮겨가면서 점점 중요한 기술로 떠오르고 있다.

VPP는 발송전 분리 등 전력 시스템의 자유화와 함께 서양에서 시작했으며, 일본에서도 시장이 확대할 것으로 예상하고 있다. VPP를 실현하고 시장을 만들려면 우선 수요자의 요구를 확실히 파악하고, 그것에 부응하는 IoT 네트워크 시스템을 설계, 개발해야 한다. 문제는 다수의 분산 에너지 자원 전력을 복수의 수요에 따라 배분하는 것이다. 거기다 송전하지 못한 전력을 분산시켜 모아둘 필요도 있다. 전력 수요는 경제나 기후 변동에 따라 변화하기 때문에 예측이 매우 어렵다. 그렇기 때문에 AI 이용을 검토하고 있다.

또 하나의 과제는 VPP 비즈니스 모델을 확립하는 것이다. 전력 자유화로 수요자는 기존의 전력 회사, 복수의 VPP 중에서 자신의 수요를 가장 만족시켜줄 곳을 선택하게 된다. 가격만으로 차별화했다가는 결국 가격 인하 경쟁만 부르게 될 것이다. 복수의 수익원을 확보할 수 있는 '비즈니스 상상력'이 필요하다.

VPP로 관리, 제어하는 에너지 기기는 최근 몇 년간 그 양과 종류 모두 늘어나고 있지만, 특히 주목받고 있는 것은 리튬 이온 축전지다. 지금까지는 높은 비용이 문제였지만, 한국과 중국 기업의 생산 증가로 비용이 내려가고 있다. VPP가 관리 면에서 좋은 점은 충전지의 반응이 빠르다는 것이다. 그래서 계통망을 안정화하는 보조 서비스 시장에서 활용할 수 있고, 높은 수익도 기대할 수 있다. 서양에서는 대형 리튬 이온 축전지와 함께 가정 내 개인 수요자가 탑재한 소형 축전지를 집약하여 VPP를 운용하는 움직임도 활발하다. 나아가 축전지와 DR^{Demand Response: 수요반응}을 조합하여 복수의 전력 시장에서 최저가로 최적의 기기를 활용하는 움직임도 일고 있다.

2023년 글로벌

시장 규모

391

억 달러

출처: 마켓츠앤마켓츠

시장 개요

- 계통망 없이 전력 공급
- 선진국에서는 빌딩 또는 지역별로
- 아시아 · 아프리카 지역에서 시장 확대

공략 포인트

☐ 재해 대응으로 지자체와 협업
☐ 재생 가능 에너지와 축전지 종합 관리
☐ 평상시의 시스템을 시장에서 활용
☐ 아시아 · 아프리카 국가 대상으로 생산비 절감

마이크로그리드microgrid란 전력 계통망에서 분리된 상황에서 일정 범위에만 전력을 공급하는 시스템을 가리킨다. 크게 두 가지 부문에서 이용하고 있다.

우선, 선진국에서는 태풍이나 지진 등의 재해가 일어났을 때 계통망에서 분리하여 빌딩 또는 지역 단위로 전력을 공급해주기도 한다. 한편, 아시아 · 아프리카 지역 중 전력망이 공급되지 않는 오프그리드 지역에서는 저비용으로 전력을 공급할 수 있는 수단으로 이용하고 있다. 태양광 발전과 축전지에서 얻는 마이크로그리드를 공급하는 프로젝트가 활발해지고 있어서 이 지역들에서 시장이 점점 확대되고 있다.

전자의 요구에 따른 체제를 만들게 되면, 평상시에 운용하고 있는 시스템을 비상시에 효과적으로 활용할 수 있어 고수익을 기대할 수 있다. 일본에서 이런 사업을 진행하려면 재해 대응이나 회복이 필요한 지방 자치 단체와 협업하는 것이 바람직하다. 후자의 요구에 따르려면, 태양광 발전 같은 재생 가능 에너지와 축전지를 조합하여 효율적으로 움직이는 시스템을 만들 필요가 있다. 나아가 아시아·아프리카 시장에 투입하려면 어쩔 수 없이 각국 상황에 맞춘 가격으로 제공해야 하기 때문에 생산비를 절감하는 방법도 찾아야 한다.

최근 오프그리드 지역에서 마이크로그리드를 운용하는 시스템으로 주목받는 게 있다. 바로 디젤 발전기와 병행하는 방법이다. 신흥국뿐만 아니라 선진국도 외딴 섬들은 가격이 비싼 디젤 발전에 의지하는 지역이 많기 때문에 불어나는 에너지 비용 문제로 고민하고 있다. 그래서 태양광이나 풍력 발전으로 에너지를 절약하면서 저장 시설을 설치하여, 수급 및 주파수 조정을 통해 디젤 연료를 줄이려고 한다. 유럽과 호주에서는 실제로 에너지 비용 절감에 성공한 경우도 있으며, 그 하드웨어와 소프트웨어를 패키지로 만든 솔루션을 개발하여 신흥국의 오프그리드를 대상으로 활발하게 판매하고 있다.

일본의 교체 투자 총액 5년간

시장 규모

1조2,000억~
2조5,000억 엔

닛케이BP종합연구소 추정

시장 개요
- 10~15년 후에 교체 개시
- 저가 · 고효율 패널의 제품화

☐ 변환 효율의 향상
☐ 비용 절감

전 세계에 설치된 태양광 패널은 10~15년 후에 일제히 교체가 시작되며, 저가·고효율의 패널이 제품화되면서 경쟁이 심화할 것이다. 고정 가격 매입 제도로 일본에 설치된 태양광은 17기가와트 정도가 될 것으로 보인다. 그중에 40~50기가와트[4,000만~5,000만 킬로와트]분의 설비 보유자가 고정 가격 매입 제도 후에도 발전 사업을 계속하기 위해 재투자한다고 생각해보자. 그럼, 태양광 패널의 1킬로와트당 단가를 3만~5만 엔이라 가정하면, 총액 1조 2,000억~2조 5,000억 엔의 시장이 열리는 것이다. 또한 이것이 5년에 걸쳐 설치된다고 하면 연간 2,400억~5,000억 엔이 된다.

현재 이 시장을 둘러싸고 차세대 패널 개발이 진행되고 있다. 국립연구개발법인인 신에너지·산업기술종합개발기구[NEDO]는 페로브스카이트[perovskite], 양자점[quantum dot]이라는 테크놀로지로 게임 체인지를 노리고 있다. 중국에서는 단결정 실리콘 계열의 고도화 테크놀로지[PERC, 헤테로, IBC, 양면발전셀이라 부른다]의 가격 인하를 서두르고 있다.

발전 사업자 입장에서는 변환 효율과 패널의 킬로와트 단가 균형을 고려할 수밖에 없다. 단가가 어느 정도 높더라도 변환 효율이 높은 패널을 선정하면, 적은 설치량으로도 기존과 같은 발전이 가능하다.

건물 일체형 태양광 패널

시장 규모

400억 엔~
1,000억 엔

닛케이BP종합연구소 추정

지붕 일체형이나 창유리에 붙이는 반투명 타입의 일체형 태양
광 패널^{BIPV}이 보급될 것이다. 고정 가격 매입 제도 이후에는 자

가 소비 형태의 태양광 발전이 정책적으로 추진될 가능성이 크다. 이미 미국 캘리포니아주에서는 신축 건물에 태양광 설치를 의무화하여 시장이 확대되고 있다. 이 '의무화'는 미국 전체에서 전 세계로 퍼질지도 모른다.

일본 주택의 태양광 발전은 연간 1기가와트^{100만 킬로와트} 전후가 될 것으로 보인다. 태양광 패널의 단가를 1킬로와트당 4만 ~10만 엔으로 할 경우, 연간 400억~1,000억 엔의 시장을 기대할 수 있다.

일체형 태양광 패널을 보급할 때는 설치 비용을 지금보다 훨씬 줄여야 하며, 패널 디자인도 경관에 어울리는 기와나 슬레이트 같은 형태로 만들어야 한다.

신수소 에너지

저온으로 원소 교환

미쓰비시 중공업은 저온에서 핵종 변환으로 에너지를 얻는 '신원소 변환'의 검증 단계에 들어섰다. 중수소를 사용하여 원소의 종류를 바꿀 수 있는데, 이것을 응용하여 새로운 에너지원을 개발하고 희소 원소를 만들거나 방사성 폐기물을 무해화하는 데 이용하고 있다. 이 테크놀로지에는 초기부터 도요타 그룹이 자금을 제공하고 있다. 거기다 미쓰비시 지소일본의 부동산 회사가 이를 연구하는 벤처 기업에 출자하는 등 대기업들이 주목하는 분야여서 2030년 무렵에는 실용화될지도 모른다.

석탄 화력 · 철강 대상의 CCS 플랜트

소재 산업의 탈이산화탄소가 시작된다

재생 가능 에너지가 저가화되고 대량 도입되고 있으며, 사업의 모든 것을 재생 가능 에너지로 충당하는 'RE100 ^{Renewable Energy}' 기업이 급증하고 있다. 그러자 드디어 석탄 화력과 제철 등을 소재로 한 산업에서 '탈이산화탄소'가 새로운 과제로 떠오르기 시작했다.

탈이산화탄소의 비장의 무기는 CCS^{이산화탄소 회수 · 저축}이다. 화력 발전소나 공장에서 배출되는 이산화탄소를 그 자리에서 회수하여 저장하는 것이다. 일본에서도 도마코마이^{홋카이도의 도시}에서 CCS의 대규모 검증을 시작했다. 10년 후인 2030년에는 석탄 화력이 살아남기 위해 스스로 실용화된 플랜트를 가동할 가능성이 있다.

6장 필자

아사쿠라 히로시
아다치 이사오
오기하라 히로유키
오바라 다카시
가네코 겐지
가리아쓰마리 고지
구와바라 유타카
소마 다카히로
다카쓰 쇼고

다나카 가즈유키
다나카 쥰이치로
다나카 다로
도도 야스토
나카니시 기요타카
나카모리 도모히로
바바 미키
후지타 가오리
야지마 노부유키

7장

과학의 발전이 가져다줄 상품;
테크놀로지, IT 기술이 선사하는
미래 세계

092	테크놀로지 확산
	지역에 기회가 있다

1장에서 다룬 것처럼 테크놀로지가 퍼지는 속도는 매년 빨라지고 있다. 무형의 소프트웨어와 서비스의 최신판 등은 스마트폰으로 금세 이용할 수 있다. 하드웨어도 공유 등의 서비스화 덕분에 재빨리 입수할 수 있다. 이렇게 빠른 속도로 퍼지기 때문에 일반적으로 광범위하게 사용할 수 있는 서비스라면 서둘러 전세계에 퍼뜨리는 것이 유리하다. 이전에는 다른 나라에서 성공한 비즈니스 모델을 자신의 나라에 거의 그대로 적용해서 판매했지만, 지금은 그렇게 하기 어려워졌다.

선수를 칠 수 없다면 차라리 국내 고유의 문제를 해결하는 데 주력하는 게 낫다. 이때 필요한 모든 테크놀로지를 국내에서 준비할 필요는 없다. 세계적으로 일반적이고 광범위하게 사용하는 서비스와 국내에서 독자 개발한 테크놀로지를 조합하면 된다. 그리고 그 균형을 어떻게 잡을 것인가는 기획자와 설계자의 실력에 따라 달라질 것이다.

테크놀로지가 현재 향하는 곳 중 하나는 인간으로, 이미 체내에까지 들어가기 시작했다. 또 다른 하나는 인간이 없는 장소, 즉 우주나 바닷속, 해저 또는 상공이다.

바닷속이나 해저 이용은 아직 국가 중심이지만 앞으로는 이곳에서 비즈니스 기회를 찾아낼 수 있을지도 모른다. 현재 사회에 가장 큰 영향을 미친 바닷속 테크놀로지는 해저 케이블일 것이다. 원래는 국가 주도로 설치했지만, 인터넷 시대를 맞이하면서 지금은 민간 투자로 진행하고 있다. 앞으로는 통신 인프라뿐만 아니라 데이터 센터도 해저에 설치할 수도 있다.

데이터 센터 업계에서는 컴퓨터가 만들어내는 열을 처리할 방법을 찾느라 경쟁하고 있는데, 많은 양의 해수를 냉각에 이용하자는 이야기들이 나오고 있다. 실제로 마이크로소프트는 서버로 꽉 채운 탱크를 바닷속에서 작동시키는 실험을 하고 있다.

또한 바닷속은 관광 자원으로도 유망하다. 일본의 스타트업오션 스파이럴은 2021년 사업화를 목표로 'SEA BALLOON'을 준비하고 있다. 'SEA BALLOON'은 투명한 대형 구체로, 사람들은 이 속에 들어가서 바닷속을 여행할 수 있다. 그리고 두바이에서는 진행이 중단되기는 했지만 바닷속에 호텔을 건설하려고도 했다.

센서나 자율 주행 기술의 발달로 얕은 여울에서 심해에 이르기까지 바다를 이용할 수 있는 범위가 넓어질 것이다. 일본 정부는 2018년에 '미지의 바다에 도전하다. 기술을 향상시켜 바다를 파악한다'라는 슬로건을 내걸고 바다와 관련한 개발을 진행했다.

2030년대 초기 우주 산업 전체 시장 규모

약**2**조**3,000**억
~2조**5,000**
억 엔

출처: 「우주산업비전 2030」(내각부)

시장 개요
- 달이나 화성으로 이주 · 정착 계획
- 여러 스타트업의 도전
- 인간이 생활할 수 있는 환경 정비

인류가 달이나 화성 등에 이주, 정착하는 게 현실로 다가오고 있다. 미국 테슬라의 일론 머스크가 이끄는 스페이스X는 2022년에 화물을 화성에 보내는 것을 목표로 하고 있다. 그리고 수자원이나 위험 요소의 확인, 발전, 채광, 생명을 유지할 인프라 구축 등을 진행할 예정이다. 2024년에는 승무원의 2회 탑승과 로켓 추진체의 저장고 건설, 미래 승무원 비행 준비를 계획하고 있다. 테슬라는 이러한 시도들을 통해 화성에 기지를 구축하고, 최종적으로는 2060년대까지 100만 명을 보낼 계획이라고 밝혔다.

일본의 스타트업 아이스페이스는 2021년 달 착륙을 목표로 하고 있다. 달의 수자원을 활용하여 우주 인프라를 구축하고, 인류의 생활권을 우주로 넓혀가는 것을 지향하고 있다. 또한 2040년에는 1,000명이 달에 정착하고, 연간 1만 명이 방문하는 '문 밸리 구상'도 내놓았다. 미국 아마존의 제프 베이조스도 유인 달 착륙선을 공개했으며, 2024년에 발사할 계획이라고 밝혔다. 한편 미국 기업 비글로 에어로스페이스는 2021년에 상용 우주정거장을 두 곳 발사할 계획이며, 민간 여행자가 체류할 우주 호텔도 건설할 계획이라고 한다.

　인간이 달과 화성에서 살려면 우주 공간에서도 버틸 수 있는 건축 자재, 식물, 쾌적한 공기, 위생 기기, 그리고 당연한 거지만 식품이 필요하다. 또한 지구에서 물자를 운반하자면 너무 큰 비용이 들기 때문에 기기와 건축 자재, 화학 섬유, 식품 등은 달이나 화성에서 직접 생산 가능하도록 시스템을 구축해야 한다.

　우주로 이주하거나 정착하는 것은 우주를 이용하는 여러 방법 중 하나일 뿐이다. 우주를 이용하는 방법에는 '위성 데이터 활용' '우주 공간 서비스' '엔터테인먼트' '우주여행' 등도 생각할 수 있다. 이 중 '위성 데이터 활용'은 지구 관측 데이터를 비즈니스에 도움이 되도록 사용할 수 있는데, 이미 GPS, 리모트 센싱을 사용하고 있다. '우주 공간 서비스'에는 우주 쓰레기의 제거, 멈춘 민간 위성의 재작동 등이 있다.

시장 규모

세계 시장

1억 5,000 억 달러
(2040년)

출처: 「Get Ready For Flying Cars」(모건스탠리리서치 2019/1)

시장 개요

- 하늘과 땅을 모두 달리는 신형 차량
- 자율 주행 기능을 부착한 수직 이착륙기
- 에어택시의 온디맨드 배차
- 모빌리티 영역의 새로운 고객 가치

□ 진입 영역은 어디인가: 차량, 서비스, 주변 비즈니스
□ 자사의 강점을 어떻게 살릴 것인가
□ 누구를 파트너로 할 것인가
□ 로봇 택시 서비스로부터 배워라

하늘을 나는 자동차는 기존의 항공기와 무인 드론 사이에 있다고 할 수 있다. 아직 명확하게 정의를 내릴 수는 없지만, '전동' '자동' '수직 이착륙' 같은 기능을 갖출 거라고 보고 있다. 기체, 운항, 인프라에 드는 비용이 줄어들고, 하늘로 이동하는 것이 대중화하여 빠르고 저렴하며 편리하게 사람, 물건의 이동이 가능해지면 사회와 경제에 큰 영향을 미칠 것이다.

현재 하늘과 땅을 모두 달리는 신형 차량의 검증과 개발이 세계 각지에서 진행 중이다. 자율 주행이 가능한 수직 이착륙기가 이미 실험 비행을 하고 있다. 미국의 우버테크놀로지 등은 에어 택시의 온디맨드 배차를 목표로 차량 개발에 뛰어들고 있다.

이 산업에 진입하려면 다양한 기업이 서로 협업해야 한다. 차량 개발에는 상당한 기술력이 필요하고, 공유 서비스를 위해서는 공급자와 수요자를 서로 연결해줄 수 있는 정보 시스템도 개발해야 한다. 이착륙을 위해 토지도 마련해야 하며, 보험 같은 관련 비즈니스도 생겨날 것이다.

하늘을 나는 자동차에만 해당하는 것은 아니지만 자사의 강점은 어디에 있고 그것을 어떻게 살릴 것인지, 함께할 파트너는 누구인지 깊이 생각할 필요가 있다. 이런 점들을 생각하면, 우버의 로봇 택시 서비스 시도는 참고할 점이 많다. 앞으로 남은 과제는 전동화, 자동화 같은 테크놀로지를 개발하고 검증하여 자동차의 운항을 관리해야 한다. 그리고 제대로 관리할 수 있다는 사실도 보여줘야 한다. 이외에도 인프라 구축, 제도 정비, 실제 사업을 진행할 담당자 발굴, 사회적 수용성 향상 등을 해결해야 한다.

양자 컴퓨팅

10년 후 응용 기대

시장 규모

10년 이후

250억~
500억 달러

출처: 보스턴컨설팅그룹

시장 개요

- AI 대응
- 이동 시간 단축
- 개인 맞춤 처방약
- 금융 포트폴리오 최적화

☐ 해결해야 할 문제의 발견
☐ 해결 알고리즘 개발
☐ 연구 네트워크에 참여

양자 컴퓨터는 양자 역학의 원리를 계산에 응용하여 현재의 컴퓨터보다 초고속 연산이 가능하다. 다양한 곳에 사용할 수 있을 것으로 기대하고 있다. 먼저 AI와 연계하여 컴퓨터 비전, 패턴 인식, 음성 인식, 기기 번역 등에 응용할 수 있다. 교통에서는 이동 경로를 최적화하는 데 응용하여 이동 시간을 단축하거나 정체를 감소시킬 수 있다. 또한 분자, 단백질, 화학 약품의 상호작용이나 화학 반응 분석, 인간의 유전자 배열 연구 및 해석에 효율적으로 사용할 수 있다. 이를 통해 치료약을 개발하는 데 드는 기간을 단축하고, 환자별로 맞춤 처방약을 제공할 수도 있다. 시장의 리스크 계측이나 투자 평가에 사용하는 시뮬레이션을 고도화, 효율화하여 금융 포트폴리오를 최적화하고 투자 리스크를 줄일 수도 있다.

이러한 응용 분야에서 양자 컴퓨터를 이용하여 해결할 문제가 무엇인지 찾고, 문제 해결의 알고리즘을 개발해가야 한다. 현재 대형 IT 판매사가 모두 양자 컴퓨터 연구 개발을 진행 중이다.

양자 컴퓨터는 크게 '게이트Gate형'과 '어닐링Annealing형' 두 가지 방식이 있고, 제품화는 어닐링형이 앞서가고 있다. 하지만 양자 컴퓨터는 개발에 막대한 자금이 필요하고, 일본 기업이 지금 바로 연구에 착수하는 게 쉽지는 않을 것이다.

양자 컴퓨터를 응용하는 분야들을 살펴보면 위에 적은 내용들을 실현하기 위해 검증 실험을 시작하고 있지만 상용화하여 보급하는 데는 시간이 조금 더 걸릴 것이다.

2022년 글로벌

67.2억 달러

출처: 마켓츠앤마켓츠

2025년 글로벌

167.1억 달러

출처: 베리언트마켓리서치

시장 개요
- 센서나 단말기 주변에서 처리
- 지연이 허락되지 않는 영역에서 사용
- 자율 주행에 필수

컴퓨터의 세계에서는 처리의 집중과 분산을 계속 반복하고 있다. 최근에는 클라우드로 집중이 이어지고 있는데, 현장의 센서나 디바이스 주변에서 데이터를 처리하는 '에지 컴퓨팅edge computing'으로 점점 분산되고 있다.

이런 분산이 시작되는 이유는 시간이 지연되면 안 되는 상황에서 바로 현장에서 일을 처리하기 위해서다. 가게나 길거리에 설치된 카메라를 통한 감시나 인물의 행동 분석 등은 데이터양이 방대하기 때문에 클라우드로 보내기보다 근처 가게나 카메라에서 직접 처리하는 편이 빠르다. 그리고 AR, 온라인 게임, 온디멘드 동영상 등은 시간이 지연되면 이용에 문제가 생겨서 이용자들이 이탈하기 쉽다. 에지 컴퓨팅은 이러한 영역에서도 유망하다.

IoT를 사용하는 스마트팩토리에서는 센서가 데이터를 수집하고 축적, 분석하여 공장 현장에 피드백을 주지만, 밀리초 단위의 반응이 필요한 경우에 시간 지연은 치명적이다. 데이터양이 늘어날수록 클라우드로 모으는 데 드는 통신료도 불어난다. 데이터에 따라서는 아직도 클라우드에 저장되지 않는 것도 있다. 그리고 자율 주행에서도 에지 컴퓨팅은 필수적이다. 다른 차량이나 보행자 등 주변 상황을 파악하고 에지 측에서 처리하면 신속한 판단이 가능하다.

에지 컴퓨팅에서 핵심은 리소스의 분산 방법이다. 에지 측 디바이스는 소형화와 저가화가 진행되고 있으며, LPWA^{Low-Power} ^{Wide-Area: 저전력 광역 통신} 같은 통신 서비스도 이용할 수 있다. 에지 컴퓨팅에 적합하도록 환경을 정비하고 애플리케이션의 특성에 따라 클라우드와 에지를 적절히 나눠 사용해야 한다. 클라우드와 에지의 특성에 따라 디바이스에서 데이터를 골라낼 부분, 효율적이고 안전하게 커뮤니케이션할 부분에 에지를 적용하는 등 전체를 조망하면서 상호 보완이 가능한 시스템을 만들어야 한다.

앞으로 에지 AI도 유망하다. 현장에 가까운 에지 디바이스에 AI를 실제 장착하여 문제 여부를 판단하거나 이상 징후를 미리 알아낼 수도 있다. 자율 주행에서는 AI로 영상을 인식하여 전방의 자동차나 신호, 보행자 등의 움직임을 예측할 수 있는데, 위급한 순간에 클라우드의 판단을 기다리다 보면 이미 늦기 때문이다.

098	# IT/OT 인력 육성
	디지털화를 지탱할 IT 인재를 키우다

2030년 일본

시장 규모

300

닛케이BP종합연구소 추정

억 엔 이상

시장 개요

- 디지털화, 4차 산업혁명
- 일하기 방식 개혁과 인재 활용
- 생산성 향상

☐ IT/OT 인력의 장래성 계몽
☐ 수요자와 공급자 연결
☐ IT와 OT를 망라하는 교육

가상 공간에서 발전하는 IT^Information Technology: 정보 기술와 현실의 OT^Operational Technology: 운영 기술 양쪽에 정통하고, 통합과 최적화가 가능한 인재를 키우는 서비스가 성장할 것이다.

현재 IT는 이용자가 현장에서 사용하는 다양한 시스템에까지 퍼져 있어서, IT 기술자는 현장의 문제 해결까지 책임져야 한다. 결국 OT라고 불리는 이용자의 영역, 즉 현장의 업무나 사용 기기 분야에까지 IT 기술자가 뛰어들어야 하는 상황이 되었다. 이 때문에 IT와 OT 양쪽의 기술을 가진 기술자가 필요하다. 하지만 지금까지는 IT와 OT의 세계가 명확하게 나뉘어 있어서, 양쪽 모두에 정통한 기술자를 키우는 환경이 거의 마련되지 않았다. 하지만 앞으로는 디지털화를 지탱해줄 인재 육성 시스템을 구축해야 한다. 젊은 기술자를 새롭게 양성하는 것뿐만 아니라, 기존 IT 기술자의 능력 향상을 촉진하거나 OT 기술자에게 IT 교육을 실시하는 것도 필요하다.

앞으로 IoT, AI 등 최첨단의 IT를 구사하여 다양한 사회와 산업 구조를 바꾸는 디지털화가 전 세계적으로 진행될 것이다. IT/OT 인재를 육성하지 않으면 이 거대한 트렌드를 따라가지 못하고 뒤처지게 될 것이다. 경제산업성이 실시한 'IT 인력 수급 조사'에 따르면, 정보 시스템 부문만 계산해도 디지털화 인력의 수요와 공급 차이가 2030년에 최대 64만 명에 달할 수도 있다고 한다.

이만큼의 인력을 육성하려면 기업이 한 사람당 연간 5만 엔만 투자한다고 쳐도, 300억 엔 이상의 자금이 움직이는 것이다. 실제로는 더 큰 비용이 발생한다고 해도 이상할 게 없다. 거기다 정보 시스템 부문뿐만 아니라, IT를 이용하는 다른 여러 현장에서도 디지털화를 추진하는 IT/OT 인력을 육성할 필요가 있다. 디지털화의 발달과 함께 IT/OT 인력 육성을 둘러싼 시장은 차근차근 확대될 것이다.

**블록체인 기술이
사회에 미치는 영향,
관련 시장 규모**

시장 규모

67조 엔

출처: 「2015년 일본 경제사회의
정보화·서비스화에 관련된 기반 정비」(블록체인 기술을 이용한 서비스에 관한 동향 조사)

시장 개요

- 블록체인
- 암호 화폐(가상 화폐)
- 가치의 유통
- 소액 결제
- 이더리움

□ 유통 구조
□ 인센티브의 디자인
□ 암호 화폐의 선택

토큰 이코노미$^{token\ economy}$란 사람의 행동이나 물건을 토큰$^{대용\ 화폐}$으로 가치를 매기고 토큰을 교환하는 것, 토큰을 이용하는 커뮤니티^{상권}와 토큰 교환을 실현하는 구조를 모두 포함한다. 토큰은 암호 화폐$^{가상\ 화폐}$로 실제 사용하고 있다. 이미 운용되고 있는 토큰 이코노미를 보면 상당수가 가상 화폐인 이더리움을 이용하고 있다.

토큰 이코노미의 흐름을 예로 들면 다음과 같다. 기업이 고객의 가치 있는 행동에 대해 토큰을 발행한다. 고객은 다른 고객에게서 행동이나 물품 등을 받으면 그 가치에 상응하는 토큰을 건네준다. 고객은 모은 토큰을 기업의 서비스나 제품과 교환할 수 있다. 이렇게 고객끼리 또는 고객과 기업 사이에 토큰을 통해서 가치의 유통이 발생한다. 실례로 지역 화폐의 유통이나 게임에서 아이템 거래 등이 있다. LINE은 이용자가 애플리케이션을 이용하면 토큰을 제공하고 있다.

토큰의 발행과 거래에서는 신뢰가 중요하다. 그래서 블록체인으로 토큰의 발행 수나 거래의 진정성을 보장한다. 기존처럼 중앙에서 관리하는 제3자가 필요 없기 때문에 소액 결제를 쉽게 실현할 수 있다. 즉시 결제나 즉시 거래를 자동 실행하는 이른바 스마트 콘트랙트에도 토큰을 사용할 수 있다. 가치의 유통을 일으키기 위해서는 이용자들끼리 토큰을 주고받을 때 인센티브를 부여할 필요가 있으며, 이때 그 인센티브의 디자인도 매우 중요하다. 또한 암호 화폐는 종류가 다양하고 기술적으로 차이가 있어서 어느 암호 화폐^{프로토콜}를 선택할지 비교하게 될 것이다.

AI 학습용 데이터 정리

기계 학습을 위해 원자료 정리정돈

2030년 글로벌

시장 규모

1.8조 엔

AI 시장 규모 전체 37조 엔
(미국 시장 조사 기업 트랙티카
조사)의 5%

2025년 글로벌

1조 엔

AI 시장 규모 전체 20조 엔
(미국 마켓츠앤마켓츠 조사)의
5%

시장 개요

- 기계 학습에는 정리된 데이터 필요
- 원자료를 가공하여 교사 데이터로 활용
- 방대한 원자료가 귀중한 자원으로
- 빅데이터 시대에 빠트릴 수 없는 일
- AI 시장의 확대와 같은 속도로 성장

공략 포인트

□ 기계 학습에 정통한 인재
□ 데이터를 수집, 정리할 노동력 확보
□ 정리 작업의 일부 자동화

현재 AI의 핵심이라 할 수 있는 기계 학습 테크놀로지를 위해서는 정리된 데이터가 필요하다. 이는 방대한 원자료가 귀중한 자원으로 바뀌는 것으로, 이를 위해 원자료를 가공하고 AI를 지도할 수 있는 '교사 데이터'를 만들어야 한다. 데이터의 수집과 정리는 이른바 빅데이터 시대에 빠질 수 없는 일이고, AI 시장의 확대와 같은 속도로 성장한다고 볼 수 있다. 현재 이 분야의 시장 규모는 AI 시장 전체의 5%가 데이터 수집 정리로 충당된다고 보고 산출한 것이다.

교사 데이터 작성 시에는 예를 들면 '주식회사 ○○' '(주)○○' 같은 표기의 통일, 우편번호나 전화번호에 포함되는 기호의 처리, 반각 · 전각의 통일과 같은 초보적인 정리가 필요하다. 다음으로 기계 학습을 통해 구축할 알고리즘에 필요한 요소 데이터를 골라내고, 연관 짓는 등의 작업도 이어져야 한다. 기계 학습에서는 교사 데이터 수치에서 일정한 패턴을 발견하고 예측 모델을 구축해야 한다. 이를 위해서는 원자료에서 어떤 것을 선택할 것인가, 무엇을 불필요한 것으로 판단하여 제거할 것인가 같은 공정이 특히 중요하다.

　앞으로 수요는 계속 증가할 것이기 때문에 여기에 맞춰서 데이터를 수집하고 정리하는 노동력을 확보해야 한다. 데이터 중 일부는 컴퓨터 자동화 시스템을 통해 정리할 수도 있지만, 최종적으로 사람의 손으로 확인해야 한다. 데이터의 수집과 정리에는 집중력이 필요하지만 나이나 경험과는 상관이 없다. 단, 데이터 수집을 의뢰하는 쪽에 기계 학습에 정통한 인재가 있어야 한다.

7장 필자

진보 시게노리
간노 다케시
기쿄바라 도미오
나카미치 다다시
하야시 데쓰시
미요시 사토시
모리가와 신이치
야지마 노부유키

앞으로 10년 부(富)를 끌어당기는 100가지 블루오션

8장

블루오션을 발견하는 방법

닛케이BP종합연구소의 연구원 80명은 '블루오션 100'이라는 연구 조사를 통해 앞으로 유망한 분야를 찾아냈다. 이 책에 실린 유망 분야들은 후보 또는 예상안일 뿐이다. 블루오션, 즉 수요 요구가 있는데도 아직 시장이 형성되지 않은 분야들이 더 있을 것이며, 기업들이 나서서 더 발견해야 한다. 8장에서는 1장과 마찬가지로 비즈니스 리더(B)와 테크놀로지 리더(T)의 대화를 통해 새롭게 성장할 시장을 발견하는 방법을 검토해보겠다.

B 블루오션이 될 가능성이 있는 신시장의 후보를 100개나 알아봤는데, 눈앞이 깜깜하지 않아?

T 갑자기 왜 그런 약한 소리를 하세요? '이런 시장에 테크놀로지를 사용할 수 있겠구나' 하면서 즐겁게 봤는데요.

B 테크놀로지를 사용한다고 해도 고객이 그것을 받아들여 새로운 시장이 생기느냐 마느냐는 다른 문제야. 예를 들어, 지구를 되살린다거나 우주에 가능성이 있다는 말은 중요하고 맞는 말이야. 하지만 현실에서 비즈니스로 연결하려고 하면 '그래서 어쩌라는 거지?'라는 생각이 들지 않을까? 눈앞이 깜깜하다는 거지.

T 하긴 경쟁이 치열한 시장이 눈앞에 있고 그 안에서 밤낮으로 싸우고 있다면, 아무리 먼 미래를 내다보고 행동하라고 해도 생각이 잘 안 바뀔 거예요.

B 신규 사업 개발실 같은 전문 부서를 만들어놓고 거기에 사내의 우수한 사람을 다 모아놔도, 일이 잘 안 풀린다는 말을 자주 듣고 있어.

T 일본은 심각한 저출산 고령화 사회이기 때문에 바로 그 지점에서 비즈니스 기회가 있다고 아무리 말해도 '뭐 그건 그렇지' 하고 생각하는 것에서 멈추는 경우가 많겠네요.

B 혹시 '후지노미야 야키소바 학회'라고 들어봤어?

T 지방의 유명 맛집이 마을까지 살렸다는 식당 이야기요?

B 응, 맞아. 유감스럽게도 사장은 사망했지만, 그 맛집 덕에 마을은 1,000억 엔 가까운 경제 효과를 봤다고 하더군.

앞으로 10년 부(富)를 끌어당기는 100가지 블루오션

생전에 사장한테 들었는데, 후지노미야시 시내의 야키소바 가게 수를 세대수로 나누면 그 비율이 일본 최대였다고 해. 그만큼 그 지역에서 인기였던 야키소바를 지역의 특산물로 이벤트도 하고 홍보도 열심히 한 거지. 피터 드러커는 인구 구조의 변화에 주목하라고 했어. 눈앞에 보이는 특징이나 변화에 눈뜨라는 의미지. 후지노미야 야키소바가 바로 그렇게 한 경우라고 생각해.

T 이노베이션이나 신규 사업이라고 하면 너무 각을 잡고 대비하려다 보니 뭘 어떻게 해야 할지 잘 모를 거 같아요. 그러니 좀 더 가까운 곳으로 눈을 돌리라는 거네요.

B 블루오션 전략을 주창한 김위찬 교수는 속편『블루오션 시프트』^{비즈니스북스, 2017}에서 이라크 악단의 사례를 소개했어. 악단은 세계적으로 엄청나게 많잖아. 그런데 이 악단은 이라크의 곡을 연주하고 중동에서 서로 싸우고 있는 민족의 사람들을 단원으로 모아서 좋은 평가를 얻었다고 해. 이것도 가까운 예라고 할 수 있겠지.

T 오케스트라 같은 레드오션 시장에서도 독자적인 무언가를 내세우면 성공할 수 있다는 거네요.

B 처음에는 작은 것부터 시작해도 좋지. 뭔가를 조금 바꿔 보면 구시장 속에서도 신시장이 보이지 않을까? 예를 들어서, 애초에 생각했던 것과 다른 방향으로 테크놀로지를

사용할 수는 없을까 생각해보는 거지.

T 성공해서 전 세계로 퍼진 테크놀로지, 그리고 대대적으로 홍보를 했는데도 사라져버린 테크놀로지, 각각을 훑어보면 이른바 킬러 애플리케이션이 되는 거죠. 응용할 데가 확실히 있는 경우에는 성공하더라고요. 플래시 메모리가 성장한 것은 휴대용 음악 플레이어라는 시장이 열렸기 때문이었죠.

B 여러 번 이야기했지만, 테크놀로지나 물건 만들기뿐만 아니라 애플리케이션이나 '일 만들기'를 빼놓을 수 없는 이유지.

T 새로운 것, 즉 새로운 체험을 제공하려면 기존의 규제에 어긋나는 경우도 있는데, 그럴 때는 미국처럼 로비 활동을 해서라도 법률이나 제도를 바꿔야 할까요?

B 일본은 오히려 규제를 무작정 지키는 쪽으로 가기가 쉽지. 예전에 개인정보보호법이 생겼을 때 일인데, 그동안의 기업 활동을 통해 쌓인 개인 정보를 '사용하지 않겠다'고 선언하면서 삭제해버린 기업 이야기를 신문에서 읽고 놀란 적이 있어.

T 요즘은 '데이터는 석유다'라는 말까지 하는 마당인데요. 모처럼 발견한 유전을 파보지도 않고 봉쇄해버린 거네요.

B 다만 이 새로운 석유를 독점하거나 마음대로 활용하는 것

은 큰 문제지. 서양에서는 대형 인터넷 기업을 규제해야 한다는 목소리가 나오고 있어. 일본에서도 어느 특정 영역의 데이터를 대량으로 가지고 있는 기업이 잘못 사용해서 비판받은 적이 있지. 정말 까다롭고 위험한 문제니까, 그냥 유전을 봉쇄해버리는 일본 기업이 또 나올 수도 있겠지.

T '개인의 데이터는 본래 개인에게 귀속되고 개인이 관리한다. 개인의 판단으로 데이터를 서비스 제공자 등에 제공하고, 편익을 취해도 좋다. 서비스 사업자는 데이터를 제공자의 이용 체험을 향상하는 데 사용한다.' 이것이 기본이고 여기에서 벗어나지만 않는다면 더욱 활용해야 해요. 데이터를 관리하는 테크놀로지는 계속 발달하고 있기 때문에, 예컨대 유럽연합의 엄격한 '일반데이터보호규칙 GDPR'을 지키면서도 데이터를 제대로 이용하는 것은 얼마든지 가능하니까요.

B 편리함을 포기하더라도 어쨌든 규제를 지키거나, 반대로 우선 규제에 맞춰서 보고한 후에 현장에서는 다르게 행동하는 식으로 양극단이 되기 쉬워. 그리고 예전의 배기가스 규제처럼 규제를 피하려다가 오히려 엔진 이노베이션을 이룬 적도 있지. 이렇게 '규제를 똑바로 마주하고 씨름하다 보니, 블루오션에 도달했다'는 것도 가능하지 않을까?

T 유럽은 '규칙을 스스로 정하고 그것을 사실상 표준으로 삼아 시장을 만든다'는 게 가능하죠. 국제표준화기구^{ISO}의 관리 시스템, 지금의 SDGs나 ESG에도 그런 면이 있죠. 교토의정서가 비준되었을 때, '교토 프로토콜^{Kyoto Protocol}'이 세계적 키워드가 되었는데, 정작 일본은 그것을 통과하기 위해 고심해야 했죠. '에너지 절약 제품을 잘 만드는 나라'라고 평가를 받지만, 확실히 환경 선진국이라고는 할 수 없죠.

B 전 세계를 바라보고 그 안에서 앞으로 어떻게 행동해야 할지를 생각하는 것은 오랜 과제야. 지금도 눈앞의 테크놀로지를 사용하느라 급급하지. 잠재적인 수요 요구를 발견했다면, 그것을 만족시키기 위해 회사 안팎의 테크놀로지와 기술 능력을 조합해야 하는데 말이야.

T 실리콘밸리의 스타트업은 아침 식사 때 아이디어가 나오면, 바로 그날 저녁에 프로젝트를 시작한다고 해요. 일단 가지고 있는 것을 모아서 시장에 내보고 반응을 보는 거죠.

B 회사 안팎에 접점이 얼마나 있는지가 관건이겠지. 비즈니스나 테크놀로지 파트너도 필요하고, 만들어낸 것을 시장에 내놓으려면 고객과도 접점이 필요하니까.

T 고객과의 접점은 일본 기업이 해결해야 할 과제 중 하나 같아요. 고객과는 주로 영업 담당자만 만나고 있으니까요.

연구 개발 부서나 신서비스 담당자가 새로운 접점을 만들어내지 못해 고생한다는 이야기를 종종 듣습니다.

B 기존 고객에게 물어보는 것은 당연하고 잠재 고객에게도 물어봐야 하는데, 확실히 어려운 문제이기는 해. 드러커를 인터뷰했을 때, SOHO 이야기를 들었어. 대기업에서 나와 소수로 사무실을 차리거나 집에서 창업하는 움직임을 사무 가구 회사는 전혀 눈치채지 못했다는 거야. SOHO 사람들은 사무 가구 회사가 아니라 일반 가구점에서 가구를 샀기 때문이지. 이 새로운 움직임을 몰랐던 사무 가구 회사는 SOHO라는 시장에 물건을 팔 수 없었고, 사무 가구의 매출이 감소하는 위기에 빠지고 말았지. 역시 외부 정보를 어떻게 잡아낼 것인가가 중요해.

T 인터넷 시대니까, 좀 더 나서서 홍보해야 하지 않을까요? '귀사가 보유한 테크놀로지와 우리 회사의 테크놀로지를 합치면 이러한 것이 가능합니다'와 같은 제안이 계속 들어오게 말이죠. 스스로 접점을 만들어가는 것도 필요하지만, 혼자 생각하다 보면 아무래도 시야가 좁아지니까요.

B 맞는 말이야. 그런 구조를 준비하는 동시에, 직원 개개인은 감성이나 센스 같은 것을 충분히 갈고닦아놔야 해. 좋은 제안이 들어와도 감성이 둔하다면 진행할 수가 없으니까. 어떤 조직이든 그렇지만 소속되어 있으면 아무래도

조직이 기대하는 것, 조직이 해주기를 원하는 것 중심으로 생각하기 쉬워. 조직 속에 있어도 '나는 이렇게 생각해'라고 확실히 말할 수 있는 분위기를 만들어야 하고, 또한 그렇게 말할 수 있는 사람을 키워야지.

T 실리콘밸리의 기업들은 역시 반짝이는 아이디어를 끌어내기 위해 다양한 투자를 하고 있어요. 프리 어드레스free address: 고정석을 없애고 빈자리에 원하는 대로 앉아서 일하는 형태는 이미 옛날이야기가 된 것 같고, 이제 책상은 고정해놓고 누구나 출입할 수 있게 만든 오픈 회의실을 늘리고 있다고 들었어요.

B 어쩌면 예전에 일본 기업이 성공하던 시절이랑 비슷할지도 몰라. 다만, 일본은 같은 회사, 같은 공장 사람들끼리만 왁자지껄하고 다른 문화나 다른 요소들을 받아들이는 데 부족했지. 다른 문화권의 사람이 얼마나 모여드는지, 그것을 받아들일 수 있는지 자문자답해볼 필요가 있어.

T 결국은 기업이 가진 꿈이나 비전에 따라 달라질 거라는 생각이 드네요. '이렇게 하고 싶다, 이런 기업이 되고 싶다'라는 매력적인 미래상을 밝히는 기업에 풍부한 감성을 가진 능력자들이 모이겠죠.

B 경영의 기본은 변하지 않겠지. 일본에는 창업한 지 100년을 넘긴 장수 기업이 꽤 많아. 기업의 형태를 바꿔가며 장수한 기업도 있고, 창업 때 했던 사업을 그대로 하고 있는

곳도 있지. 어느 쪽이든 창업 정신을 소중히 하고 있어. 그 덕분에 이노베이션을 지속하면서 신시장과 기존 시장에서 모두 블루오션을 발견하고 장수할 수 있는 거겠지.

8장 필자

아다치 이사오
사카이 고이치타로
모치즈키 요스케
야지마 노부유키

앞으로 10년 부(富)를 끌어당기는 100가지 블루오션

닛케이BP종합연구소(日経BP総研)

일본의 대표적인 경제신문인 〈니혼게이자이신문〉이 만든 '닛케이BP사'의 리서치 및 컨설팅 그룹이다. 경제경영지 『닛케이비즈니스』, 생활정보지 『닛케이트렌디』, 그 외 『닛케이아키텍처』, 『닛케이일렉트로닉스』, 『닛케이컴퓨터』, 『닛케이메디컬』 등의 각 분야 전문지에서 오랫동안 기자, 편집장, 편집 주간 등으로 일한 인재 총 80명이 소속되어 있다.

이들의 전문 지식, 인맥, 정보력을 활용하여 기업이나 단체의 경영 개혁, 인재 전략, 사업 창출, 소비자 마케팅 등을 지원하고 있으며 연구 및 활동 결과를 책으로 출판하는 일도 꾸준히 진행 중이다. 국내에는 『기업을 위협하는 리스크 100』, 『세상을 바꿀 테크놀로지 100』, 『세계 시장을 주도할 크로스 테크놀로지 100』 등이 번역·출판되었다. 『앞으로 10년 부를 끌어당기는 100가지 블루오션』(원제: 닛케이BP종합연구소 2030 전망 비즈니스를 바꾸는 100가지 블루오션 日経BP総研2030展望ビジネスを変える100のブルーオーシャン)은 닛케이BP에 소속된 전문 인력 80명이 앞으로 10년 후에 크게 성장할 100대 시장을 조사하여 일목요연하게 정리한 책으로 아마존 재팬 경영 전략 분야 1위를 기록했다.

이주희

한국외대 일본어과를 졸업한 후 해외의 좋은 책들을 국내에 소개하는 저작권 에이전트로 오랫동안 일했다. 최근에는 육아와 넷플릭스, 그리고 번역에 집중하고 있다.

옮긴 책으로는 『N1 마케팅』, 『아, 그때 이렇게 말할걸!』, 『매력은 습관이다』, 『엄마, 내가 알아서 할게』, 『이런 게 어른일 리 없어』, 『문방구 학습법』, 『SWEET PAPER』 등이 있다.

앞으로 10년
부富를
끌어당기는
100가지
블루오션

1판 1쇄 인쇄 | 2020년 11월 3일
1판 1쇄 발행 | 2020년 11월 10일

지은이 | 닛케이BP종합연구소
옮긴이 | 이주희
발행인 | 김태웅
기획편집 | 박지호, 이주영
외부기획 | 민혜진
디자인 | design PIN
마케팅 총괄 | 나재승
마케팅 | 서재욱, 김귀찬, 오승수, 조경현, 김성준
온라인 마케팅 | 김철영, 임은희, 김지식
인터넷 관리 | 김상규
제 작 | 현대순
총 무 | 안서현, 최여진, 강아담, 김소명
관 리 | 김훈희, 이국희, 김승훈, 최국호

발행처 | (주)동양북스
등 록 | 제2014-000055호
주 소 | 서울시 마포구 동교로22길 14 (04030)
구입 문의 | 전화 (02)337-1737 팩스 (02)334-6624
내용 문의 | 전화 (02)337-1739 이메일 dymg98@naver.com

ISBN 979-11-5768-663-6 03320

이 도서의 국립중앙도서관 출판예정도서목록(CIP)은 서지정보유통지원시스템 홈페이지(http://seoji.nl.go.kr)와
국가자료종합목록 구축시스템(http://kolis-net.nl.go.kr)에서 이용하실 수 있습니다.
(CIP제어번호:CIP2020044605)